깨달음과 멸정복성

목운(木雲) 유택주

머리말

이것은 여행기라고 할 수 있습니다. 한 인간 의식으로서 최근 약 10년동안 일념으로 추구했던 일들에 대한 보고입니다. 그래서 한 의식이 지나온 여행기라 하고 싶습니다. 경제적 충격으로 어쩔 수 없이 삶의 패러다임을 근본적으로 바꾸어야 했던 이야기입니다.

세 번째 밀레니엄이 시작된 지 얼마 안 되어 '의식 혁명'이란 책을 만나 개안이 되는 느낌을 받았습니다. 그러나 그때 전인적인 변화의 삶을 시작하지 못하고 다시 기존 프로그램대로 살다가 퇴직한 후에야 회두(metanoia)의 삶을 시작했습니다. 바닥 체험을 한 것입니다. 이번에는 진짜 저 책의 저자 데이비드 호킨스 박사가 가르치는 대로 살기로 한 것입니다. 박사가 가르친 바란 바로 축의 시대

4인의 스승이 가르치신 것과 같은 것인데 그것은 바로 세상의 고통을 해결하고 지상에서부터 천국의 삶을 살자는 것입니다.

다시 말하면 지상에서 부딪히는 모든 인간적 문제를 원만히 해결하고 언제나 기쁘게 살고 차별 없이 사람들을 대하며 여력이 생기면 세상의 개선에 조금이라도 기여하고 싶었습니다. 기존에 출석하던 종교 생활은 아버지가 돌아가신 때쯤부터 손을 놓고 있었습니다. 거기로 돌아간다는 것은, 과거에 여러 번 시도해봤지만 총고백을 한 후 규칙적으로 교회에 출석하는 것을 의미합니다. 그럴 여유도 없었지만, 과거에 그런 방법이 별로 효험이 없었다는 것도 이미 체험으로 알고 있었습니다. 게다가 세상에서 벌어지는 일들을 보니 40년 안팎 몸담아온 기독교에 중대한 결함이 있어 보인다는 것도 부인할 수 없는 사실이었습니다.

한창 힘들 때 우연히 비슷한 공부를 하던 분에게서, 기적수업 교사들이 쓴 '에고로부터의 자유'를 소개받아 크게 위로를 받으며 실천하려고 애썼습니다. 동시에 호킨스 박사의 나머지 책들을 복습하며 한편으론 스티븐 데이비스라는 분이 쓴 전자책 '나비는 자유롭게 난다'와 새로 나온 호킨스 박사 책들을 번역하면서 공부를 했습니다. 그러다가 온라인에서 우연히 당나라 말기 사람인 이고 선생의 복성서와 21세기 들어 한 영국인이 쓴 '그리스도의 편지'라는 책을 만났는데 그 모든 텍스트가 말하는 공부의 요점이 같다는 걸 알았습니다.

요컨대 깨달음의 길을 가자는 것이고 그 길에서 오직 필요한 것은, 길을 가리거나 막는 장애물을 치우라는 것이었습니다. 특별히 마태복음 16장 24절에서 '자기를 부인하고' 나를 따르라는 말씀과 맥이 같다고 생각했습니다. 깨달음에 장애가 되는 것이란 어떻게 부르든 '나'라는 것입니다. 대개 소아(小我), 에고, 정(情)이라 부르는데 대승기신론의 생멸심과 같은 것이라 봅니다. 이것이 핵심입니다. 그것이 깨달음으로 가는 길이자 지상 천국을 구현하는 길이라는 것을 추호도 의심하지 않게 되었습니다.

　실천적으로는 규칙적으로 시간을 내서 고요히 앉아 있는 일(靜坐)과 영적 독서(Lectio Divina)를 통하여 무조건적 사랑의 상태에 도달함으로써 '밥 먹을 시간이나 다니다 걸려 넘어질 순간에도 인(仁)을 실천하는 것(無終食之間違仁, 造次必於是, 顚沛必於是 - 논어 이인편)'이며 그 점은 동서 수행 전통이 같다고 보았습니다. 특히 수행이란 끝없는 의식 상승의 길인데 무엇을 어떻게 닦아야 할지는 사람들과 부대낌을 통해서 가장 잘 알 수 있기 때문에 직장 생활은 깨달음의 길을 가는 데 꼭 필요한 도량인 것 같습니다.

　우리 나이 육십에 시작해서 비로소 한마음으로 닦으며 살아보니 '너무 좋다'고 느꼈으며 그러한 공부 과정을 잘 정리해서 나누고 싶었습니다. 이승을 하직하기 전에 무엇 하나라도 남기려는 욕심의 발로지만 재주가 미약해서 수년간 구상만 하다가 도달한 지점이, 그 동안 블로그에 올려두었던 글들을 잘 정리하면 되겠다 싶었습니다. 고통을 극복하는 내면의 기록을 적는 김에 스승들의 말씀을 중심으로 공부한 내용과 느낀 점들을 2013년 하반기부터 블로그에 써왔는데 그것을 되짚으면서 나열한 것이 이 문집입니다.

글들은 마치 책의 후기나 주석처럼 썼지만 살면서 직면한 고뇌의 순간 읽고 쓴 것, 영감처럼 떠오른 것 등으로 되어 있어서 아주 무미건조하지는 않을 것 같습니다. 그리고 핵심 주제를 다양한 변주를 통해서 거듭 되풀이하였기에 핵심은 금방 파악할 수 있을 것입니다. 다만 하루속히 근본 결단을 내려서 공부를 시작하는 일이 중요하다고 생각합니다. 실상 어떻게든 공부를 시작해서 매일 실천만 하신다면 여기 있는 내용을 다 읽으실 필요조차 없다고 생각합니다.

인용한 글들은 되도록 따옴표를 붙였고 제가 전문 연구자가 아니고 아마추어 학습자인지라 관련된 책들은 맨 뒤에 참고도서가 아니라 독서 편력이란 이름으로 함께 모아두었습니다. 마찬가지 이유로 복성서 번역은 제 블로그에만 놓아두고 이곳에는 원문만 붙였습니다.

영적 진화의 길은 "어딘가에 도달하는 것"이 아니라 '진리'가 저절로 드러나도록 에고를 초월하는 길이라고 합니다. 가장 잘 쓰는 비유로는 "태양은 저절로 떠오릅니다. 우리는 그저 구름을 없애기만 하면 됩니다."라고 하는데 오늘날 새로운 영성은 거의 모두가 어떻게 효과적으로 에고를 초월할 수 있을까에 집중하는 것 같습니다.

일천한 제 체험을 돌아볼 때 에고를 초월하는 것에 비례해서 어려움을 잘 견디게 될 뿐만 아니라 은은한 내면적 기쁨을 느끼게 되고 나머지 일상사마저 물 흐르듯 자연스럽게 잘 처리된다고 느꼈습니다. 그래서 어느 정도 진보하면 그러한 체험 자체가 공부의 동력이 되어 처음에 근본 결단을 할 때보다는 수월하게 나아갈 수 있다고 합니다.

다만 영성에 관한 논의는 논리적으로 증명해내는 선형 이론과 달리 논리나 말로 납득하기 어려운 비선형 이론이어서 중언부언 반복되는 것은 피할 수 없을 뿐 아니라 반복을 통하여 이해하기 쉽게 하려는 뜻도 있습니다. 무엇보다도 독자의 영감과 직감으로 진실 여부를 스스로 판단해야 할 것입니다. 또 3부의 단상은 내키는 대로 한두 개를 골라 읽는다는 기분으로 순서 없이 읽으셔도 좋다고 생각합니다. 두서없이 써진 제 글을 접하시는 분들이 내면 의식을 근본적으로 바꾸는 길에 발을 들이신다면 기쁘기 짝이 없을 것입니다.

공부가 깊거나 저보다 많이 앞서가신 분이 본다면 유치한 점이나 오류도 발견하시리라 봅니다. 하지만 제 아이들이나 좋아하는 후배들을 주로 생각하고 쓴 것이니 너그럽게 보아 주시고 부족한 점에 대해서는 가르침을 주시기 바랍니다. 마지막으로 덧붙이고 싶은 말은, 혹여라도 제 글에서 무엇 하나 취할 게 있다고 느끼신다면 위대한 과학자인 제임스 맥스웰이 했다는 말로 대신하고 싶습니다. 그것은 "나라는 사람이 한 게 있다면 그것은 내 안에 나보다 위대한 무엇이 한 것이라고 느껴집니다."

'향상일로'는 '멸정복성'과 더불어 이 책의 정신을 가장 잘 압축해 준다고 생각해서 붙입니다. 관련된 법어로는 누구도 근원 체험을 대신해줄 수 없다는 것과, 끝까지 닦아서 백척간두에 몸을 던질 각오로 수행해야 한다는 것이 있습니다. 고교 선배 오암(梧菴) 윤기평 님이 글씨를 써주셨기에 감사드립니다.

梧菴 윤 기 평

書歷

송석 정재홍 선생 사사 (1975-1976)
벽산 김창석 선생 사사 (1944-2008)
금제 김종태 선생 사사 (2013-2014)
한국민족서예가협회 초대작가
한국서예미술진흥협회 초대작가
해동서예학회 초대작가
제9회 한국서예명인 100인전 출품
한국서예인산악회 부회장
해동서예학회 정회원

向上一路

樗盦

차례

1부. 공부의 윤곽

우리 나이 쉰 여섯에 명예퇴직을 하고 전원생활을 시작한 지 4년째, 저를 포함한 세 사람이 투자한 사업이 부실해져 투자 수익은 물론 원금까지 회수할 수 없게 되었습니다. 돌아보니 경솔하고 불성실한 생활의 습이 쌓인 자업자득이라 여겨 삶을 근본적으로 개조해야 한다고 느꼈지만 지나온 삶의 관성이 만만치 않았습니다.

그때 뇌리를 떠나지 않았던 말씀이 선가귀감에 있는 "생사를 벗어나려면 먼저 탐욕을 끊고 애갈(愛渴)을 없애라"는 것이었습니다.

탐욕은 마음에서 일어나는 모든 것이라고 할 수 있고 애갈은 그러한 욕망에 집착하는 것, 특히 애욕을 말하는 것 같습니다. 어쨌든 우선 생활비 문제를 해결해야 했습니다. 우연히 교류하던 스님의 조언에 따라 불목하니를 하려고 갓바위가 있는 선본사에 갔습니다.

막막하게 며칠을 지냈는데 언젠가 인터넷에서 제가 마음만으로 보시의 뜻을 표했던 분이 있었는데 뜻하지 않게 다시 연락이 되었습니다. 제 사정을 들은 그분은 제게 일단 나와서 방법을 찾아보자고 해서 집으로 왔습니다. 이렇게 저렇게 삶의 방편을 찾아 몇 달을 탐색하던 중 마침 장모님을 모시지 않으면 안 될 상황이 되어 고향으로 다시 왔습니다. 그리고 생활비 조달은 기존에 받던 투자 수익만큼 아내와 둘이 일해서 벌면 된다고 생각해서 각자 일자리를 찾았습니다. 그 무렵 결심하기를 다음과 같이 썼습니다.

> "아버지만큼 산다면 딱 20년 남았는데... 지금 삶의 균형이 크게 흔들리게 된 것은 근본적인 출구 대책을 강구하라는 뜻으로 읽힌다. 실상 그동안 제법 사람 구실도 하고 체면 유지까지 하면서 살아온 것은 순전히 은총 덕분이었다. 앞으로도 내 능력을 믿을 게 아니라 신께 믿고 맡기는 게 옳다. 그리고 내 쪽에서 할 일은 생각과 말과 행동 모든 것을 신께 봉헌하는 쪽으로 철저히 방향 전환하는 것이다. '수행해서 무엇이 된다'거나 '구원을 얻는다'는 것이 아니라 모든 집착을 놓아버리고 신의 의지가 관철되게 하려면 소아(小我)쪽 장애물을 치우는 것이다. 그 길

에서 붙들고 있어야 할 방편은, 정직 자각 책임을 뜻하는 성(誠)의 준수, 6바라밀의 실천과 호킨스 박사의 놓아버리기 등이다."

공부의 요점을 제대로 잡았다고 생각했고 그 방향으로 노력했으나 수십 년 익숙해진 삶의 관성은 하루 이틀에 바뀌는 게 아니었습니다. 진도는 더딜 수밖에 없었습니다. 일단 그동안 읽어오던 책들을 복습하며 삶을 견뎌내기로 했습니다. 아래 글은 그 무렵 제 간절한 소망을 대신했다고 생각되는 글인데 마하리쉬 님의 먼 친척이자 그분의 제자였던 비스와나타 스와미의 말씀입니다.

"이 몸뚱이를 초월하려면 어찌해야 하나요? 그것을 위해 애쓸 때마다 헛된 노력이 되니 초월적 힘의 도움을 받지 않으면 제가 변화될 것 같지 않습니다. 그래서 선생님께 왔습니다."

스승은 크게 불쌍히 여겨 답하시길 "당신 말이 맞습니다. 욕정이 사라지려면 감각과 마음보다 강력한 힘이 깨어나야 합니다. 당신 안의 그 힘을 일깨우고 키워나간다면 그 밖의 모든 것까지 극복할 수 있습니다. 우리는 방해받지 않는 지속적 명상 속에 잠겨야 합니다. 음식의 절제와 그와 유사한 금욕이 내면의 평정을 지키는 데 유익하긴 합니다."

"신 안에 거하고 신께 나아가는 것이 참된 수행입니다. 물론 절제는 이 길에 매우 도움이 되며 꼭 필요하긴 합니다만 당신을 몸뚱이와 같다고 보는 한 애갈과 분심을 피할 수 없습니다. 당신이 모습 없는 '순수의식'임을 깨달아야만 애갈은 영원히 사라지며 그것을 수행이라 하는데 그 때 비로소 그것은 힘들이지 않고 저절로 이뤄집니다." 스승이 가르치신 대로 나는 잘 때만 빼고 밤낮 끊임없이 암송 기도를 바쳤다.

절제니, 금욕이니 하는 것은 기존 종교가 선호하는 방법이지만 이미 제게 효과가 없었다는 것을 잘 지적하는 말씀입니다. 하지만 쉬지 않는 기도가 잘 될 일이 없었습니다. 돌아보니 이 길은 기존 종교의 향심기도(centering prayer)와 매우 비슷하지만 매일 정좌 또는 명상을 실천하기 전에는 지키기 매우 어려운 것 같습니다. 어쨌든 기본적으로 내가 몸이 아님을 깨닫고 내 존재의 실체가 순수의식임을 깨닫는 수행의 길을 가기로 했습니다. 간절한 사람만이 끊임없는 기도와 명상을 하게 되는 것 같습니다. 같은 가르침을 마하라지 님은 다음과 같이 말하고 있습니다.

"쉬지 않고 기도하고 명상을 규칙적으로 하세요. 단 하루도 빼지 말고 하세요. 마음은 버릇없는 아이와 같아서 언제나 불안합니다. 마음을 '존재의 근원'에 고정함으로써 고요해질 때까지 계속 반복하십시오, 그러면 결국 당신은 그 안에 잠기게 됩니다. 2~3년 계속한다면 말할 수 없는 기쁨을 느끼기 시작하고 마음은 고요해질 것입니다. 염송과 명상을 할 때 처음엔 무미건조할 것입니다. 쓴 약을 먹는 것과 같을 겁니다. 하지만 억지로라도 마음에 신에 대한 생각을 주입해야 합니다. 그렇게 지속하다 보면 기쁨으로 채워질 것입니다. 학생이 시험을 통과하려면 얼마나 큰 시련을 겪어야 하는지 모릅니다. 그러나 신을 깨닫는 것은 그보다는 쉽습니다. 평안한 마음으로 정성껏 신을 찾으십시오."

저는 고통에서 벗어나기 위해 어쩔 수 없이 여기에 매달리다가 결국에는 전념하게 되었지만 그렇지 않은 사람은 근본 결단이라고 할 만한 단호한 결단을 먼저 하고 평생 수행해야 한다고 생각합니다. 대략 2015년 말경부터 '그리스도의 편지'라는 책의 안내에 따라 하루에 무조건 10분씩 앉아 있기를 실천했는데 위에 있는 대로 처음 시작은 "쓴 약을 먹는 것"과 같았습니다. 어쨌든 이 말씀과 비슷하게라도 실천하기 시작했고 무언가 변화되는가 싶었습니다. 최소한 주기적으로 찾아들던 권태와 우울함이 사라지고 편두통도 사라졌습니다. 그때 만난 호킨스 박사 말씀이 지금은 좀 이해되는 것 같습니다.

다음은 신의 뜻대로 살기를 원하는 어떤 학생의 질문에 대한 답입니다. "그것은 지향의 문제야. 네가 신의 뜻대로 살려고 하고 또 계속 기도하고 있다면 너는 점점 신의 뜻에 따라 살게 되는 거야. 그러면서 계속 네 삶을 살아가야 하는데 네가 결정을 할 때마다 최선을 다해봐. 그래도 할 일이 계속 생기지만 그 일에 대해 신의 뜻을 간구했으니까 너는 점점 더 많이 신의 뜻대로 살게 돼. 그건 어느 날 신이 '이것이 내 뜻이야'라고 친히 말하는 식으로 이루어지지 않아. 하지만 네 뜻은 점점 엷어지면서 네 삶은 점점 신이 바라는 대로 바뀌게 되는 거야. 그런 식으로 계속 살면서 네 문제를 결단해봐. 영문학을 하고 싶으면 그렇게 해. 누구나 뭘 공부해야 할지, 돈은 어떻게 벌어야 할지 선택해야 하잖아. 네가 언제나 성(誠)을 지킨다면 네가 뭘 하는지는 중요한 게 아냐 네가 누군가의 종업원이라 해도 너는 뭔가 선택을 해야 하잖아. 하지만 네 삶에서 너를 위한 신의 뜻이 무엇인지 간구하면 네가 할 일이 자연스레 생기게 될 거야. 괜찮아. 하여튼 그 문제 때문에 더 이상 괴로워하지 마. 중요한 것은 네 지향과 기도, 그리고 신의 인도하심을 청하는 일이야. 그러면서 네 삶을 사는 거야.“

두 번째 쓰는 표현이지만 성(誠)은 'integrity'를 유교식으로 번역한 것입니다. 앞에서 거론했듯이 성은 정직 자각 책임을 모두 갖춘 것을 말하며 중용의 키워드이기도 합니다. 공부 초기부터 저는 의식이 여기저기 숭숭 뚫려 망가진 것이 모든 재앙의 원인이라고 느꼈으며 그것을 치유하는 길은 오직 성을 지키는 데 있다고 판단했습니다. 중용에서 성은 '보이지 않는 바를 삼가고 들리지 않는 바를 두려워하라'고 하여서 혼자 있을 때를 마치 광장에 있는 듯 살라는 중요한 가르침입니다. 그때 비로소 의식이 온전해질 것입니다. 2부에서 다루는 마이스터 에크하르트도 이 점을 강조한 바 있습니다.

2013년 말, 특별히 배운 기술도 없고 연고도 없으니 최저임금에 못 미치는 직장을 구해 일했습니다. 인욕바라밀을 실천할 최적의 환경이라 생각했지만 만나는 사람이나 환경이 저로서는 참으로 견디기 어려웠습니다. 아마 2~3일에 한 번씩 그만둘 궁리를 했던 것 같습니다. 그때 의지했던 책이 이미 거론한 '에고로부터의 자유'인데 다음과 같은 말들이 위로가 되었습니다.

> "원상회복의 여정을 갓 시작한 대부분의 사람은 과격하거나 때로는 잔혹하기까지 한 상황이나 사람을 꼭 만난다. 그런 상황이나 사람은 모두 한 가지 목적을 가지고 있다. 그 목적이란 보편적 영감을 향해 우리의 인식을 고쳐달라고 스스로 청할 때까지 에고를 계속 뒤흔들고 괴롭히고 충격을 주기 위해서다. 에고 망상을 부숴버리기 위해서는 참을 수 없는, 심지어 아주 지독한 사람과 환경이 필요하다."

책은 계속해서 말합니다.

> "우리를 좌절시키고 화나게 하고 상처를 주고 혼란스럽게 하고 또 우리를 저버리는 이들은 우리의 가장 큰 교사들이다. 이들은 우리에게 다양한 반응을 하도록 자극하면서 안정을 뒤흔들어 놓는다. 이처럼 우리를 짜증 나게 하는 사람들, 때

로는 우리를 마치 고문이라도 하는 듯한 사람들은 우리의 자
유와 해방에 강력한 열쇠를 쥔 사람들이다. 이렇게 시련을 주
는 행동이 없다면 우리 에고는 쉽게 자기 만족감에 빠질 것
이고 마침내는 오직 우리를 무너뜨리는 것 말고는 관심이 없
는 거대한 괴물로 자라난다. 이 여행을 계속하면서 의식이 성
장하다 보면 우리는 이들이 우리 삶에서 중요한 존재들임을
알게 된다."

우리 나이 쉰 아홉에 당한 그 어려움이 모두 이 깨우침을 위한
것이었던 것 같습니다. 이러한 말씀이 없었다면 3년 넘게 그 직장
을 견디지 못했을 것입니다. 지금은 이러한 말씀에 완전히 동의하
기 때문에 제게 가장 큰 금전적 손실을 끼친 사람과 심한 모멸감을
주었거나 몇백만 원씩 떼어먹은 몇몇 사람들의 저러한 역할을 충
분히 이해할 수 있게 되었습니다. 이슬람 신비가 루미는 우리가 잃
어버린 것은 반드시 다른 모습으로 돌아온다고 했는데 그렇게 다른
모습으로 돌려받은 것들이 제게는 잃어버린 것보다 크고 값진 것
이기 때문입니다.

그렇게 2014년 전반기를 기적 수업의 정신을 습득하며 지냈고
후반기 들어 아직 번역되지 않은 호킨스 박사의 '실체, 영성 및 현
대인'과 스티븐 데이비스의 '나비는 자유롭게 난다'를 번역하며 여
가를 보냈습니다. 특히 후자는 '영혼의 어두운 밤'을 거치면서 열
심히 2~3년 닦으면 해방의 경지에 갈 수 있다고 해서 공부할 용기
를 얻었던 기억이 납니다. 거기서 다루는 로버트 프로세스는 호킨

스 박사의 마지막 저서 '놓아버리기'와 대동소이한 수행법이었습니다. 그때 남은 삶의 목표를 다시 확인하면서 적은 소감을 보면 다음과 같습니다.

> 땅바닥을 기는 애벌레처럼 살지 말고 나비가 되어 자유롭게 살라는 메시지가 우주에 숨겨져 있습니다. 고치 속에서 제 몫을 다하여 때가 되면 저절로 고치를 벗어날 날이 올 것입니다. 그것이 바로 '영혼의 어두운 밤'입니다. 즉 무아가 되어 신인합일에 이르는 것이 바로 깨달음의 길이라고 생각합니다. 공자님 노선에 따라 말하면 '지천명'과 '이순'을 통과하여 '종심소욕불유구(從心所欲不踰矩)'로 가는 것인데 그것을 성취하는 것이 효경의 '입신행도'에 가장 충실한 길이라고 생각합니다. 즉 효도와 충성, 경천의 길이기도 하기에 전심전력 추구할 가치가 있습니다. 지행이 딱 합일하면 그때 비로소 생사를 벗어난 '출세자유인'이 되는 것입니다. 선가귀감 73장은, 참나와 하나가 됨으로써 삼세와 인과에 매이지 않는 경지를 '출세자유인'이라 하고 있습니다. 이 또한 종심소욕불유구의 경지와 같다고 봅니다.

제 블로그 첫머리에 내건 말이, "종심소욕불유구로 가기 위해, 유교와 불교 및 기독교 영성을 공부합니다."라는 것인데 이때를 전후하여 동아시아 영성과 기독교 영성을 같은 차원으로 놓고 읽어야 하겠다고 생각한 것 같습니다. 기독교의 가장 큰 결점 가운데 하나가 선민의식에 터를 둔 독선인데 그 기원은 유대교에 있으며 교리에서도, 종교를 계시종교와 자연종교로 나누고 자기들만 계시종교

이고 여타 종교를 자연종교로 보아 낮춰보고 있습니다.

천주교도로서 기독교 생활을 오래 한 제가 자신의 변혁을 위해서, 기성의 모든 프로그램은 에고에서 나온 것이니 극복해야 한다는, 영적 스승들 가르침에 따르기 위해서라도 기독교의 교리 기타 모든 도그마를 내버려야 했습니다. 그렇게 하고 나서 스승으로서 그리스도가 진짜 체험하고 가르치신 것이 무엇인지에 대해서만 집중하는 것이 기독교의 폐해를 벗어나는 길이라고 생각했습니다. 각설하고 그 무렵 교류하던 몇몇 분에게 발표했던 '나비는 자유롭게 난다'에 대한 후기를 제 블로그에서 가져옵니다.

이 책은 부제에 있는 것처럼 '정신(영성) 진화의 새롭고 근본적인 길'을 제시하려는 시도입니다. 특히 변혁을 위한 거의 모든 수단을 섭렵해본 저자가 62세 때 삶의 바닥을 체험하고 소위 마음을 완전히 비운 상태에서 깨달은 체험의 집합이라고 할 수 있습니다. 제가 특히 인상 깊게 느낀 것을 위주로 정리해 보겠습니다.

1. 1부에서 저자는 30년간의 양자물리학에 대한 관심을 근거로 플라톤의 동굴 비유가 뜻하는 게 홀로그램 우주임을 입증코자 노력하고 있습니다. 저자는 이 비유를 360도의 화면을 가진 3D 영화관으로 바꾸어서 우리 삶 자체가 '연기'와 같은 것이라고 합니다. 그런데 실상 이런 생각은 장자의 호접몽과 불가의 마야론의 생각과 비슷하다고 느꼈습니다.

2. 2부에서는 삶의 모델로서 의식 모델과 게임모델이 제시됩니다. 의식 모델이란 고요한 가운데 지켜보는 의식으로서의 'I Am' 파트를 '무한한 나(Infinite I)'로 보고 우리가 체험하는 모든 것의 주관을 '무한한 나'가 한다는 가설입니다. 통상의 우리는 'I Think' 파트로서 '무한한 나'가 창조한 현실에 반응하고 느끼는 역할만 합니다. 이 설명은 대승기신론이 우리 존재를 심진여와 심생멸로 나누어 설명하는 것과 같다고 생각합니다. 즉 'I Am' 파트를 심진여로 'I Think' 파트를 심생멸로 보자는 것입니다.

3. 게임모델을 연장해서 연기자모델과 인생의 전후반을 얘기하는데 잘 살펴보면 후자 둘은 게임모델의 변형확장으로 봐도 됩니다. 특히 전후반의 중간에 고치 속 번데기 과정을 상정하는데 저자는 이 기간이 기독교 신비주의의 '영혼의 어두운 밤'에 해당한다고 해서 2~3년 걸리는 걸로 봅니다. 이 기간은 바로 3D 영화관을 탈출함(breakout)으로써 시작된다고 보는데 마이스터 에크하르트의 돌파(breakthrough)를 연상시킵니다.

4. 특히 이 탈출이 없는 기존의 거의 모든 변혁 노력은 극장 내에서의 무한 루프처럼 헛돌고, 지복을 누리지 못하는 책임을 개인에게 돌리기 때문에 효과가 없다고 주장합니다. 어쨌든 저자는 극장 탈출 이후 고치 단계에서 두 가지 중요한 작업을 제시하는데 그 한 가지가 이미 소개한, 불편감을 느낄 때 하는 감정분석(로버트 프로세스)입니다. 또 한 가지는 영적 자기분해인데 우리의 정체성으로 생각하는 것들이 진리

에 맞는지 철저히 묻고, 맞지 않는 걸 끝까지 찾아 없애는 노력입니다.

5. 종합하건대 저자의 처방은 불가의 방하착 및 데이비드 호킨스의 '놓아버리기'와 거의 일치합니다. 즉 선악 판단을 하지 않는 불이문(아드바이타, non-duality)의 길을 통해 선악과를 먹기 전 아담과 이브의 상태에 도달함으로써 지복을 얻을 수 있다고 보는 거지요. 이것은 당신께조차 선하다고 말을 하지 말고 모든 심판을 금지한 예수의 명령에도 통합니다. 영적 자기분해를 통해 도달하는 경지는 무아(no self)라 해서 이 작업을 양파 까기에 비유합니다. 이 처방은 마하리쉬의 '나는 누구인가'를 철저히 묻는 자아 탐구에 조응합니다.

6. 마지막으로 이런 과정을 거쳐 도달하는 경지를 나비로 비유한 것은, 지천명과 이순을 거쳐 마음대로 해도 걸리는 게 없는 유가의 이상인 종심소욕불유구를 떠올리게 해서 이 책이 동서양 영성에 통할 뿐 아니라 체험과 실험을 거친, 손에 잡히는 수양법이라는 게 제 생각입니다. 부연하면 '무한한 나'의 주권에 완전히 순명하는 것은 지천명에, 에고를 없애 무아가 되는 것은 이순에 해당하는 것으로 보았습니다.

무엇보다도 미국서 상원의원을 지낸 바 있는 저자가 나이 62에 바닥 체험을 하고 영적 수행을 한 뒤 완전한 자유를 얻었다는 데 끌렸던 것 같습니다. 이 책을 읽고 나서는 로버트 프로세스를 실천하려고 노력했는데 나중에 보니 그 수행법이 호킨스 박사의 '놓아버리기(Letting Go)'와 대동소이하다는 것을 알았습니다.

그 무렵 어떻게든 제가 잘 할 수 있는 번역으로 생활비를 벌어볼까 해서 이런저런 책을 찾았는데 무엇보다 제 공부에 도움이 되는 것에 손이 갔습니다. 그래서 잡은 것이 호킨스 박사의 '에고 소멸, 참나 실현(Dissolving the Ego, Realizing the Self)"이었습니다. 이 책자는 박사님이 쓰신 책자와 강연 등에서 발췌한 것인데 책 제목이 그 요점을 잘 말해주고 있습니다. 즉 에고 또는 생멸심을 극복해서 깨달음에 도달하자는 것입니다. 저 제목을 우리 식으로 표현하면 멸정복성(滅情復性)이 됩니다.

이 책 번역에 더하여 에고 버리기(멸정)에 도움이 된다고 판단해서 호킨스 박사의 '놓아버리기'를 번역하며 공부했습니다. 저자는 책 머리에 "깨달음으로 가는 길에서 참나(the Higher Self)의 장애물 제거를 위하여 바칩니다."라고 하여서 역시 제 공부의 핵심과 같습니다. 그 내용은 편집자가 잘 소개하고 있는데 다음과 같이 요약해 봤습니다.

> "이 책은 행복, 성공, 건강, 복지, 영감, 무조건적 사랑, 아름다움, 내면의 평화, 창조력 등을 위해 태생적인 능력을 발휘하게 해줄 방편을 제공합니다. 기존의 패러다임이 애써 노력하는 데 있다면 이 방편은 집착을 내려놓는 것입니다.
>
> 소아(小我)는 부정적인 것을 즐깁니다. 즉 무가치함을 느끼

거나, 나와 남을 심판하거나, 허풍을 떨지 않으면 항상 이기는 것과 올바름에 집착하거나, 과거를 후회하고 미래를 두려워합니다. 또한 상처를 징징대거나, 외부의 확인을 구하거나, 사랑을 주기보다 받으려 합니다.

긍정적 삶에 대한 가장 큰 장애는 그것이 불가능하다는 회의적인 믿음입니다. 놓아버리기 방편은 내면 여행 전반, 즉 세상에서의 성공, 감정 문제의 치료, 병의 치료, 깨달음 등에 적용할 수 있습니다. 중요한 것은 우리가 인간 조건으로서 부정적 감정을 가지고 있음을 인정하고 그것을 판단 없이 기꺼이 바라보는 것입니다. 그리하여 궁극적으로 비이원적 인식 상태로 가는 것입니다.

핵심 내용은 우리 자신이 변하면 주변을 비롯한 세상이 변하는데 그것은 참나를 가리는 소아라는 장애물을 치우는 데 있고 그 수단으로서 놓아버리기가 가장 쉽고 빠른 길이라는 것입니다. 내면의 치유는 외면의 치유를 가져오며 놓아버리기가 진척하면 거기에 비례하여 참나가 발현하는데 그때 비로소 무조건적 사랑을 물 흐르듯 실천할 수 있습니다."

'놓아버리기'를 공부하는 중에 인터넷에서 우연히 복성서라는 걸 만났습니다. 호킨스 박사의 멸정복성을 번역하다 만났는데 직감으로 복성서의 복성(復性)이 '참나 실현(Realizing the Self)'와 같다고 느꼈습니다. 마침 놓아버리기 공부도 끝나가길래 비록 한문으로 되어 있지만 공부해보기로 했습니다.

복성서는 8-9세기 당나라 말 척불 운동을 하신 이고 선생이 지었습니다. 이고 선생은 원래 불자였지만 불교의 부패상을 극복하기 위해 유교를 방편으로 썼습니다. 우리나라로 치면 고려말 목은 선생과 매우 흡사한 위상에 있습니다. 그러니 한 사람 안에서 유교 영성과 불교 영성이 자연스럽게 융화된 것이라 할 수 있습니다.

요컨대 복성서는 대승기신론의 핵심 주제를 유교 언어로 쓴 것입니다. 즉 대승기신론에서 참나에 해당하는 진여심을 성(性)으로, 에고에 해당하는 생멸심을 정(情)으로 표현했습니다. 그리고 주희도 인정했듯이 처음으로 중용을 중요한 경전으로 보고 자세히 해설했습니다. 복성서를 계승한 것이 주돈이의 통서이며, 주돈이를 주희가 계승하였기 때문에 이고 선생을 신유학의 원조라 해도 과언이 아닙니다. 2부에서 자세히 다뤘습니다.

이 무렵 참나와 에고(또는 소아)의 관계를 주인 또는 주주와 대리인 관계로 파악한 제 글을 옮겨봅니다. 제 전공이 경제학인지라 경제 이론에 잘 부응한다고 생각했습니다.

> "경제학에 영성과 관련지을 수 있는 유익한 개념이 한두 가지 있습니다. 그 가운데 대리인에 대한 이론은 유기적 조직의 감시비용과 관련된 중요한 이론입니다. 주식회사와 같은 법인이 설립목적에 맞도록 구성원들이 제대로 기능하는지 감시하기 위해 여러 가지 내부통제 수단을 도입합니다. 이때 대표이사와 종업원들이 바로 주주의 대리인인데 이들이

주주 이익에 제대로 복무하는지 감시하는 모든 비용이 감시 비용이 되겠죠.

한편 제가 전제하는 것처럼 인간 존재를 참나-소아로 보면 소아는 참나의 대리인으로 볼 수 있습니다. 그런데 이러한 전제는 대승불교, 신유학, 기독교에 공통적이기도 합니다. 세 패러다임이 용어만 다르게 쓸 뿐 핵심은 같아 보입니다. 다시 말하면 소아가 참나의 뜻을 완전히 파악해서 그대로 살 때 당연히 감시비용은 제로가 될 것이며, 참나가 무소부재, 전지전능한데다 사랑과 평화 자체라면 소아의 능력과 복지는 무한대가 될 것입니다.

신약성서에 많이 나오는 종과 주인에 비유한 우화도 이런 맥락으로 이해하면 좋습니다. 가까운 예로서 어떤 대주주가 자기 일가보다 주주 전체의 이익에만 복무한다면 그는 마땅히 가장 정당한 대표이사로 대접받을 것입니다. 영성에서는 소아인 우리가 참나에게 감시비용 제로인 대표이사가 되는 길을 택하는 게 가장 현명하고 올바르다는 뜻입니다. 여기에서 난점은 참나의 뜻을 어떻게 파악할 것인가 하는 것입니다. 그래서 우리는 그 뜻을 파악하는 방법과 모범을 4대 성인과 그분들의 가르침을 철저히 준수한 사람들에게서 찾는 것입니다."

거론한 김에 한 가지 더 가져옵니다.

"경제학에서 배우는 인상 깊은 개념 가운데 외부 효과라는 게 있습니다. 외부 효과에는 긍정적인 것인 외부 경제와 부정적인 것인 외부 불경제가 있죠. 대체로 자연에는 외부 경제만 있으나 인간 세상엔 남을 해치며 자신의 이득을 구하는 에고 작용이 있어서 외부 불경제가 존재합니다. 대기 오염이 대표적인 사례입니다.

제가 볼 때 외부 효과 이론과 가장 비슷한 영적 가르침이 불가에서 말하는 자리이타(自利利他)입니다. 벌은 꽃에서 양식인 꿀을 취하지만 꽃의 번식에 기여합니다. 자기 일에 충실하지만, 자신도 모르게 남에게 이득을 주는 것입니다. 도덕경이 말하는 하늘의 도와 성인의 도는 여기에서 저절로 도출됩니다.

인용하면 "하늘의 도는 이롭게 하되 해치지 않으며 성인의 도는 행하되 다투지 않는다(天之道 利而不害, 聖人之道 爲而不爭, 노자 81장)"는 것입니다. 인간도 자연처럼 존재 본연의 삶을 산다면 모두 성인의 길을 가는 것이지만 우리는 어느 순간 하늘의 명인 성(性) 또는 신의 뜻에서 벗어남으로써 프로그램이 엉키기 시작해서 외부 불경제를 낳습니다.

그래서 4대 성인을 비롯한 모든 성현이 실천하고 가르친 바는 참나-소아를 구분해서 소아를 참나에 복속시키자는 것입니다. 그 가장 기본적이고 기초적인, 그래서 필수적인 사항이 '홀로 고요히 침잠하여 내면의 소리에 귀 기울이라'는 것입니다. 그것이 소위 명상이나 묵상 또는 관상으로 불리는 작업이며 신유학에서는 경(敬)이라 하는 것입니다.

복성서를 접한 이때부터 동아시아 사상, 특히 신유학에 더 많이 관심을 가졌습니다. 앞에 거론했지만 신유학은 당나라 말기 불교 극복을 위한 노력이었지만 불교의 가르침을 유교 경전, 특히 중용의 언어로써 바꾸어 쓴 것입니다. 한편 당시의 중국 불교는 인도 불교와 중국 도교가 융합된 선불교였습니다. 그래서 신유학을 유불선의 종합이라고 보는 것입니다. 그러한 맥락에서 저는 효경의 사상도 근본적으로 다시 읽어서 현대 영성과 조화해보려고 했습니다. 그와 관련하여 당시 제 생각을 재론해보고자 합니다.

"6조 혜능의 가르침을 금과옥조로 하는 선불교도 스즈키라는 사람에 의해 악용되어 가미가제 자살폭탄의 도구가 된 바 있습니다. 유교 가르침의 핵심 가운데 하나인 '효'도 땅과 혈육을 우상화하고 제로섬의 권력투쟁에 복무함으로써 조선을 패망에 이르게 했습니다. 기독교의 경우는 수많은 인종 말살 행위를 신의 이름으로 해온 역사가 있습니다.

효경의 '입신행도'에서, '행도'란 기독교식으로 얘기하면 혼과 심장, 즉 존재 전부를 바쳐 신을 섬기라는 1계명을 준수하는 것이며, '입신'이란 펑요우란(馮友蘭)에 따르면 사(私)를 버리고 예를 실천하는 것입니다. 탄허 스님에 따르면 예란 천리이기 때문에 참나를 찾아 살 때 비로소 천리에 따라 사는 것입니다. 결국 인간의 가장 중요한 과제는 입신행도이며 이것만 제대로 되면 충과 효는 물론 하늘 섬기는 일도 해결된다고 봅니다.

게다가 효경은 부모가 잘못되면 간쟁하라고 했지, 부모라고 해서 무조건 따르라고 되어 있지 않습니다. 우리는 500년 이상 물려받은 유교의 핵심마저도 제대로 배우고 숙고해본 적이 없습니다. 반복하면 아무리 좋은 가르침도 제로썸의 투쟁 또는 제국주의적 팽창의 욕망을 위한 도구가 될 수 있습니다. 동아시아 패망의 역사와 서구 제국주의 정벌의 기록이 이를 웅변하고 있습니다.

그러니 언제나 에고를 버리고 참나를 따르라는 가르침 즉, 멸정복성은 입신행도의 실천을 위해서도 핵심이 되는 것입니다. 입신행도의 결과 얻어지는 덕과 재화만이 오래 갈 것입니다. 그 결실에 대해서는 반드시 하늘에 영광을 돌리고 우리가 누리는 기쁨에는 언제나 끊임없이 감사하는 것이 마땅하고 옳은 일입니다."

기독교와 유불선 경전을 공부하는 데는, 과거 답습을 완전히 끊고 오직 스승들의 직접 진술로 확인된 말씀을, 맥락과 가중치를 감안하여 해석하는 것을 원칙으로 하고 있습니다. 이종티앤(易中天)은 이것을 추상적 계승이라고 하는데 추상적 계승이란 전면적 계승, 구체적 계승, 직접적 계승이 불가능하므로 경전을 자구대로 해석하기보다 인간의 보편적 직감과 체험에 맞도록 이해하는 것을 말합니다.

마치 직접적 계승이 가능한 것처럼 구체적인 고증에 집착하고 말씀 그대로 실행하려다 보면 손가락이 가리키는 달은 내버려 두고 평생 손가락에 대해 논하다 말게 됩니다. 그저 논하는 데 그치면 그나마 다행이지만 다른 해석에 대해 끝없이 논쟁하다가 심해지면 이단 또는 사문난적으로 낙인찍어 멸족하는 일이 다반사입니다. 그결과 인문학이 삶을 바꾸고 내면의 흔들림 없이 지상에서부터 자유와 복락을 누리는 데 기여하기보다 언어유희만 하면서도 거기에 학위도 주고 존경도 바치며 돌아가는 것이 현실입니다.

신유학을 공부하는 데 있어서, 탄허 스님의 탄허록은 그 요점을 즉각 파악하는 데 큰 도움이 되었습니다. 스님은 유학을 공부하다가 한암 스님 계신 상원사로 출가를 하신 분입니다. 우리 공부에 직접 관련된 탄허록을 인용하고 거기에 제가 붙인 생각을 가져옵니다.

> "인간성, 불성, 신성을 구별하는 이유는 무엇인가? 그것은 어느 자리에서 쓰냐에 달려 있다. 성인은 그 모든 것이 성(性)의 마음자리에서 나온 것임을 알고 쓰기에 불성이니 신성이니 한다...성인은 성의 자리에 앉아서 쓰는 것이고 범부는 정의 자리에 앉아서 쓰는 것이다." 그런데 성의 자리는 추구해서 얻어지는 게 아니라 정을 제거할 때 빛처럼 드러나는 것이라는 게 깨달은 분들의 말씀입니다. 그래서 일단 부정적 감정을 있는 대로 찾아서 없애 버리는 것인데 그것이 일상생활에서 더 수월한 측면이 있습니다. 산속에 고요히 있으면 부정적 감정을 잘 얻어 만나지 못하는 수가 있지요. 한편 긍정적 감정은 성의 사리에서 쓸 때 더 깅력하고 맑고 환한 것이 된다고 합니다.

성의 자리는 바로 '내재하는 신(Immanent God)'이기도 하고 참나 또는 진아이기도 합니다. 그와 비슷한 모든 어휘는 달을 가리키는 손가락이지만 달은 같을 수밖에 없습니다. 그래서 제 공부의 목표를 잘 말해주셨다 싶은 라마나 마하리쉬 님의 말씀을 가져옵니다. "가능한 모든 방법으로 우리의 진정한 정체가 신이기도 한 진아임을 잊지 않도록 꾸준히 노력해야 합니다. 이게 이뤄지면 모든 게 성취됩니다. 마음이 그 밖의 다른 것에 쏠리지 않도록 해야 합니다."

이게 힘든 일처럼 생각되고 실제 힘이 드는 것은 세상의 모든 프로그램이 에고 중심으로 짜여 있는 데다 우리도 아담을 따라서 선악과를 따먹고 이원적 세상 속으로 내던져졌기 때문입니다.

여름에 시작한 복성서 공부는 한문 문해력이 떨어져 뜻이 이해될 때까지 덮어두고 '놓아버리기'를 비롯해서 다른 책을 붙들다가 가을에 우연히 '그리스도의 편지'라는 책을 만났습니다. 1919년생 영국인이 쓴 이 책은 약 40년 동안 수행한 결과 깨달음을 얻은 저자가 그리스도의 이름을 빌려 기독교 교리와의 단절을 강조하고, 완전한 임종 대책을 장담하고 있어서 금방 빠져들었습니다. 또 과거에 알던 것과 전혀 다른 명상법을 제시하고 있으며 무엇보다도 멸정복성을 핵심 주제로 하는 책이어서 그 해가 가기 전에 여덟 번을 읽으며 거기에 있는 것을 모두 실천해 보려고 노력했습니다.

그 책이 묘사하는 문명적 위기와 그에 대한 처방 또한 매우 의미심장하다고 생각합니다. 즉 오늘날 세계의식을 주도하는 게 기독교인데 기독교가 전파하는 구태의연한 신개념과 단죄 논리를 벗어나 첨단 물리학의 눈으로 세상을 이해해야 한다는 것, 그리고 끌어당김의 법칙과 같은 보이지 않는 현상의 배후에 있는 우주 법칙을 정확히 이해하지 않으면 안 될 것 같다는 생각이 들었습니다.

책은 현대인의 마음을 지배하는 TV와 기타 미디어들을 소수의 기득권자가 지배하고 있다는 사실, 의식에 관한 첨단 지식의 원리(즉 창조의 원리)를 현재의 대중들이 알지 못한다면 커다란 위기에 직면하게 된다는 사실, 바이러스는 약물로 퇴치되는 게 아니라 영적 인식 또는 의식 혁명을 통해서만 극복될 수 있다는 사실, 인간의 의식은 전자기적 충동이며 생명을 일으키는 충동이라는 사실 등을 말하고 있습니다.

인간의 진정한 깨달음을 막는 주요 요인인 '소아 의식'의 지배를 막으려면 미디어들이 움직이는 원리와 그 영향을 꿰뚫어 보고 이 책자가 전하는 메시지를 받아들여야 한다는 생각이 들었습니다. 그러기 위해서는 유태 민족의 부족신 개념을 이어받은 기독교의 생각이 현대 물리학과 심리학 등에서 말하는 과학적 진리로 바뀌어야 하겠다고 생각했습니다.

여호와 또는 야훼란 말은 요즘은 '나다(I Am)'라는 말과 같은 말이라고 하여 그러한 해석이 통용되는데 일상용어로 어색하긴 마찬가지입니다. 유대인인 에리히 프롬에 따르면 원래 뜻은 '이름 없는 자' 정도입니다. 그렇게 이해하면, 도라고 말하면 이미 도가 아니라고 하여서 궁극의 실체란 말로 표현할 수 없는 것이라는 도덕경 사상과 같다고 봅니다.

그러나 모세와 아론 휘하의 유대 민족을 권위로써 통솔하는 과정에서 불가피하게 '인간 닮은 부족신' 정도로 쓰였고 그 전통이 기독교에 그대로 전수되었습니다. 오늘날 기독교도들 마음에 새겨진 하느님도 같은 운명이어서 그것은 보복하고 징벌하는 하늘에 있는 검찰관 정도의 이미지를 가지고 있습니다. 영성 차원에서 신개념은 오히려 '이름 없는 자'나 도교의 도(道) 개념으로 보는 게 더 진보에 도움이 된다고 봅니다. 동아시아에서 그러한 존재를 체험한 사람들이 많이 쓰는 표현은 '빛깔도 소리도 냄새도 없는 자리'입니다.

어쨌든 기독교는 부작용도 많았지만 여러 세기를 거치면서 안식일(주일) 제도의 정착과 형제애 개념을 전파한 공로는 크다고 평가됩니다. 다만 현대 사회의 과도한 섹스와 폭력, 가치관의 도착을 막기에는 무력한 상황에 왔기 때문에 '그리스도의 편지'와 같은 책이 써졌다고 생각합니다. 특히 이 책의 핵심 키워드 가운데 하나인 '의식'에 관한 다음과 같은 진술은 신유학의 성(誠)에 대한 가르침을 현대적으로 푼 것으로 보였습니다.

"우리의 사언행위 모두 의식 에너지이며 삶에서 체험하는 모든 것을 이 에너지가 만들어낸다. 의식의 내용물, 영적 인식의 정도, 통찰력, 오감, 믿음, 지식, 행동 기준, 성품, 도덕 등이 너희 삶을 규정한다. 따라서 삶을 바꾸려면 너희 의식을 바꾸어야 한다. 행복하고 성공적인 삶을 위해서는 자동차의 부속 모두가 완벽한지 봐야 하는 것처럼 의식의 다양한 요소와 측면을 매일 점검해야 한다. 특히 무비판, 비판단(non-judgement)을 연습해야 하며 분노의 원인을 파악하고 통제해야 한다. 그렇지 않으면 무의식중에라도 공격적 의식 에너지를 내보내게 되고 타인들은 그것을 알고 거부하게 된다.

선의의 거짓말이라도 의식에 구멍을 내고 분열을 초래한다. 의식의 구멍은 생명력을 중단시키고 건강과 행복을 위한 의식을 고장 낸다. 건강한 의식은 대접받고 싶은 대로 남을 대접할 때 만들어진다. 듣는 사람이 편한 방법으로 진실을 말해라. 사랑이 있으면 방법이 있다.

자신을 영웅이나 희생자로 만드는 이야기를 꾸미지 마라. 다른 이들이 상상해주길 바라면서 환경을 과장하지 마라. 남들이 걸려 넘어지지 않도록 하라. 다른 이들의 복지에 관심을 가짐으로써 네 사언행위를 조화롭게 가져가라. 이렇게 실천할 때 온전하고 행복한 삶의 기반이 세워지고 네 의식이 쉽사리 신 의식에 맞추어진다. 그때 비로소 기적이 일어날 것이다. 성공하지 못하고 있다면 네 의식을 점검해 봐라."

이제 삶의 목적은 뚜렷해졌다고 느꼈습니다. 마치 저한테 말하는 것 같습니다. 역시 같은 책에서 인용합니다.

> "당신 삶의 참 목적은 생각과 느낌으로 '근원'에 다다르고 끊임없이 깨달음을 간구함으로써 에고를 마스터하는 것이다. 에고 충동을 계속 정화함으로써 신성을 접하고 앞으로 나아가, 당신 영혼이 나와서 개체가 된 '천국 상태'로 다시 들어가는 그 영광스런 순간을 향해 가려면 취해야 하는 첫 단계가 바로 이것이다."

우리는 우주 의식 또는 존재의 근원이라 할 수 있는 데서 나와서 볼 수 있는 개체 형상을 취한 존재입니다. 우주 의식이 하는 일은 시공을 벗어나 있으나 우리가 존재를 취하기까지 부득이하게 시간개념을 도입해 말하면 진화의 경로를 거쳐 동물계 속 인간 과(課)가 된 것입니다. 진화 과정에서 몸이 생존 발달하기 위해 전자기력에서 나오는 결합-배척 추동력의 지배를 받게 되는데 그것이 에고 충동입니다. 에고 충동은 기본적으로 이익을 좋아하고 손해를 피하는 데 있습니다.

하지만 우리 운명은 진화과정에서 필요한 체험을 한 후 다시 근원으로 돌아가는 것이라고 봅니다. 왜냐하면 근원이야말로 모든 것이 다 갖춰져서 필요한 것 또는 부족한 것이 전혀 없는 완전한 상태이기 때문입니다. 동서 모든 영성은 에고 충동의 정화를 필수 요소로 봅니다. 에고를 완전히 정화하면 에고가 있어도 마치 없는 것처럼 신성이 충만하여 신적 사랑과 지복을 누린다고 이구동성으로 묘사하고 있습니다. 그것을 깨달음이라고 말합니다. 이상이 제가 접한 동서 영성에서 공통으로 파악해낸 것입니다. 그리스도의 편지는 깨달음을 위한 공부 과정을 다음과 같이 말하고 있습니다.

> "에고는 초월의식을 막는 장애물입니다. 에고의 생각과 행위를 의식에서 정화하고자 매일 체계적이고 지속적으로 열심히 노력할 때만이 신 의식이 당신의 인간 의식에 스며들어 새로운 통찰력과 지혜를 발휘할 수 있습니다. 새로운 통찰과 인식의 조명을 받아 당신의 사언행위가 바뀌기 시작할 것입니다. 사물을 달리 보게 됨으로써 비로소 달리 행동하기 시작할 것입니다."

우리는 이미 습득한 관점으로 생각하고 행동하면서 삶이 시원하게 바뀌길 바랍니다. 사물이 완전히 달리 보이게 될 때까지 진리가 아닌 것들을 벗겨내고 진리인 것만 생각하겠다고 결심하여 패러다임을 완전히 바꾸어야만, 체험하는 현실이 달라질 것입니다. 그것을 기존 종교는 회개니 '새로 남'이니 하는 말로 표현했습니다. 그런데 죄와 심판의 교리를 바로 연상시키는 회개보다는 머리를 반대 방향으로 돌린다는 회두나 '새로 남' 쪽이 좋아 보입니다.

회두란 글자 그대로 머리를 돌려 방향을 바꾸는 것입니다. 같은 뜻을 가진 메타노이아는 어원이 그리스어인데 위키피디아에 따르면 참회나 속죄보다는 전환이나 변모의 뜻이 더 강하다고 합니다. 그러니 회두란 과거의 사고와 믿음 등 모든 프로그램을 청산하고 새로운 사고와 믿음으로 사는 것입니다.

기성의 사고와 믿음 가운데서 심지어 부모에게서 심어진 것, 학교에서 배운 것, 종교에서 주입된 신념 등을 모두 재검토해서 버릴 것은 버려야 합니다. 제 공부는 여기에 집중하는 것입니다. 천재는 한 가지에 몰두한 결과라고 합니다. 세계적인 연주자도 마찬가지입니다. 몸을 받은 자로서 지상 삶을 아름답게 수놓고 나서 최선의 임종을 맞이할 길이 확실해졌는데 여기에 몰입하지 못할 이유가 없었습니다. 위 책에서 임종에 관하여 그리스도가 약속하는 부분을 인용합니다.

> "나, 그리스도의 가르침은 오로지 너희가 의식을 새로운 생명과 영적 권능 앞에 열려 있게 함으로써 한정되고 불만족스러운 낡은 삶의 방식을 버리고 내적 환희의 새로운 근원과 나날의 필요를 충족하도록 돕는 데만 주력하고 있다. 나는 너희가 다음 차원으로 건너가기 전에 이러한 지고의 존재 상태에 이르기를, 너희 건너감이 고통 없이 이뤄지기를, 그리고 너희 건너감이 장엄한 것이 되기를 신적 사랑으로써 열망한다."

에고의 세상에서는 대입을 비롯한 스펙 서열에 따라 삶의 수월함이 확보됩니다. 영성 패러다임에서는 스펙 서열이 아니라 의식 지수(영성 지능 또는 의식의 진동 주파수)에 따라 현생은 물론 후생 삶의 질이 달라진다고 합니다. 이 관점에서는 몸을 버린 후 영속하는 실체(영혼 또는 의식)가 놓일 자리가 영성 지능에 따라 정해진다고 보는 겁니다. 호킨스 박사는 의식 수준을 부력에 비유하여 '부력에 따라 바닷속 위치'가 정해진다고 합니다.

영성 지능을 높이기 위해 가장 기초가 되는 과목은 에고에 대한 이해입니다. 에고를 이해함으로써 에고를 초월하거나 마스터(통달)할 수 있습니다. 에고를 마스터하면 계속 빛이 밝아지듯 지혜가 밝아지면서 기쁨과 웃음이 잦아지게 된다고 합니다. 마지막에는 아무것에도 걸림 없이 자유로운 경지에 도달합니다. 그러한 공부 단계에 대해서는 동서 영성이 거의 비슷하게 말하고 있습니다. 대표적인 것으로 공자님의 '지우학에서부터 종심소욕불유구까지'의 관점과 기독교 신비주의의 '거비정화-진덕명화-신인합일'의 관점이 있습니다.

혜능 스님처럼 높은 근기를 가지고 태어난 분이 아니면 평생 쉬지 않고 닦아야 비로소 걸림 없는 해방의 경지에 이를 것입니다. 그런데 깨달은 이후에도 계속 닦을 게 있고 배울 게 있다고 하니 그저 닦고 있으면 될 것으로 생각합니다. 이승 삶이 하나의 입시 준비과정이라는 생각을 저는 가끔 합니다

2015 하반기에 다른 분과 공역한 해피포켓이란 책이 출간되었습니다. 이 책은 호킨스 박사님에는 못 미치지만 자기 계발과 첨단 과학 그리고 영성을 접목하려는 시도로 평가됩니다. 그래서 책은 곳곳에서 명상하도록 권유하고 있습니다. 우리 존재 상태를 근본적

으로 바꾸면 풍요한 삶의 조건을 비롯한 삶의 외적 상태가 거기에 따라 변한다고 보았으며 그렇게 존재상태를 바꾸는 데는 명상이 필수 수단이라는 것입니다. 세상에서의 성공을 위한 자기계발서의 한계는 고차원으로 계속 향상해가기보다 그저 세속 차원에 만족할 위험이 있습니다. 어떤 패러다임에서든 더 높은 차원으로 돌파, 향상하려고 하지 않으면 다시 물질적 차원에 갇히거나 하강할 우려가 있습니다. 다람쥐 쳇바퀴처럼 환원주의가 되는 것입니다.

제가 명상을 할 때 드는 생각은 명상이란 몸을 벗은 후에 전념하지 않을 수 없는 일을 미리 연습하는 것일지 모른다는 것입니다. 끝없이 더 높은 차원으로 날아오르는 것이 인간의 운명임에도 준비 부족일 때 몸을 벗고 나면 '아차' 하는 마음에서 황급히 다른 몸을 빌어 지구로 다시 오게 된다고 합니다. 그런 의미에서 환생은 재수나 삼수를 닮았습니다. 붓다께서도 수많은 삶을 거치셨고 마하리쉬 님이나 호킨스 님도 여러 생을 거치셨다니 환생을 두려워할 일은 아니지만, 세상에 태어나는 일도 귀한 일이라 하니 열심히 이 공부를 해야 할 것입니다

그러면 에고란 무엇입니까? 제가 기독교(천주교) 안에 있을 때 가장 착각한 것이 그 체계가 가르치는 대로 성사를 잘 이행해서 에고(소위 자아)를 잘 닦으면 구원의 길로 들어설 수 있다고 생각한 것입니다. 하지만 에고는 닦아지는 게 아니라 극복(유교) 내지 부정(마태 16:24)해야 합니다. 에고가 극복될 때 채워지는 신 의식 또는

참나의 권능으로 다시 경영할 도구인 것입니다.

에고에게는, 개별 존재의 생존과 만족 추구가 급선무이며 그것은 진화상 모든 존재가 공통으로 물려받는 것입니다. 호킨스 박사에 따르면 우리 에고는 애초부터 진실과 거짓을 분간할 수 없기에 모든 고통과 재앙의 원인이 된다고 합니다. 에고 극복의 비결은 바로 에고를 이해하는 데 있으며 그 과정에서 자신과 타인에 대한 용서와 연민 그리고 겸손이 필요합니다.

하나 강조해야 할 것은 에고에 대해 해체니, 극복이니 심지어 죽음이라는 말을 쓰지만 호킨스 박사에 따르면 에고의 기원과 성질, 기능 등을 정확히 이해하는 게 요체입니다. 에고가 창조 과정, 즉 신의식이 개별화되고 가시화되는 과정에서 진화상 어쩔 수 없이 그리된 측면을 제대로 이해하면 극복할 수 있다는 것입니다.

2015년 연말쯤 4개월 동안 진도를 못 나가던 복성서 해독이 되었습니다. 진도를 내지 못한 이유는, 에고의 작용이 그치지 않으면 참나가 밝아져 완전한 깨달음, 즉 무한한 빛에 도달하지 못한다는 것을 강조하기 위해 든 비유적 표현을 해석하지 못한 탓이었습니다. 다시 말하면 한자 실력 부족 때문이었습니다. 복성서 텍스트 연구는 2부에 붙이겠지만 우선 해당 부분을 가져옵니다.

"에고의 움직임이 그치지 않으면 [산에 숨어 있는 불씨나 샘처럼] 참나를 회복하여 세상을 밝힐 수 있는 무궁한 빛을 내

지 못하게 됩니다. (情之動弗息, 則不能復其性而燭天地爲
不極之明.)"

참나를 드러내는 수행에서 에고의 작용을 중단시키는 것(息情之
動)이 핵심적으로 중요하기 때문에 당시 사람들이 쉽게 알아들으면
서도 기억에 남을 수 있는 비유를 들어 강조한 것으로 이해하면 좋
습니다. 이때 위키백과에서 우연히 만난 함허 스님 말씀이 여기에
딱 어울린다고 생각해서 인용합니다. 제가 하는 대로 성(性)을 참나
로, 정(情)을 에고로 바꾸었습니다.

> "불교인의 목표는 사람으로 하여금 에고를 버리고 참나를 빛
> 나게 할 뿐이니 에고가 참나에서 나온 것은 마치 구름이 하늘
> 에서 일어나는 것과 같고 에고를 버리고 참나를 빛냄은 마치
> 구름이 걷혀 청명한 하늘이 나타나는 것과 같다."

이제까지 논한 핵심 사상과 같지 않나요? 함허스님은 탄허스님
처럼 유학을 통달하신 후 출가하신 분으로 조선 초기 숭유억불책을
비판하신 현정론에서 저 말씀을 하셨다고 합니다. 두 스님의 예를
보더라도 신유학과 불교는, 앞서 언급한 바의 추상적 계승 원칙을
알고 있다면 걸림 없이 서로 통할 수 있다는 것을 알 수 있습니다.

우징슝(吳經熊) 님에 따르면 중국에서 외래 사상이었던 불교는
동아시아 사상이었던 도교에 흡수되어 선불교가 되었습니다. 그래
서 우리는 도덕경을 통해서도 불교를 쉽게 이해할 수 있습니다. 일

전에 들은 도덕경 강의에 따르면 도덕경은 제왕학입니다. 당송을 풍미한 신유학도 결국 제왕학으로서의 헤게모니 경쟁에서 나온 산물입니다. 유교는 그 가르침의 목적을 '내면을 거룩하고 밖으로 왕답게(內聖外王)'라는 말로 내세웁니다. 그래서 율곡은 선조를 위해서 성학집요를 썼고 퇴계 또한 성학십도를 썼습니다.

신유학은 성인이 되려는 것이 일관된 목표이기 때문에 성학이고, 성인이란 성(性, 참나)으로 사는 경지를 말합니다. 참나로 살기 위해서 언제나 더 높은 세상을 의식하고(敬) 한 가지에 집중하여(主一無適) 생각이 끊어진 경지(中)에서 의식이 온전해지도록(誠) 닦을 것이며 그때 비로소 세상에도 긍정적 기여(제가치국평천하)를 할 수 있다는 게 요지입니다.

그것을 그대로 실천한 사람이 안회(顏回)로서, 장자에 따르면 공자님은 안회에게 '내가 네 뒤를 따르겠다고'까지 말씀하셨습니다. 아랫부분은 제가 우징슝 님의 '선의 황금시대'를 읽으면서 유불선을 통합적으로 이해한 바입니다.

> 성(性)의 자리를 유교에서는 중(中)이라고도 하며 시간과 공간이 끊어진 자리이고 따라서 한 생각이 일어나기 전을 말하며 천하의 근본 또는 우주의 핵심체입니다(탄허록 187쪽). '서경'은 "인심은 위태롭고 도심(道心, 人心에 대비하는 마음으로 참나에 해당)은 미약하므로(人心惟危 道心惟微) 마음을 하나로 모아 도심에 집중(惟精惟一 允執厥中)해야 한다"

고 하는데 이것은 언제나 참나를 의식하며 에고를 부려야 한다는 불교의 가르침과 같다고 봅니다. 이렇게 보면 요컨대 두 종교에 공통하는 바는 명상을 통하여 생각이 끊어진 참나 자리에서 세상 일을 경영하고 향유하자는 것입니다.

한편 안회가 유교 심학의 원조라는 말은 들어봤으나 무엇을 근거로 하는지 몰랐는데 아마도 그 근거가 되는 이야기가 장자에 실려 있어서 유가 사람들이 일부러 무시하였기 때문이 아닌가 합니다. 장자에 따르면 안회는 심재(心齋)를 통해 무아를 깨치고 좌망(坐忘)을 통해 이원성을 초극하여 무한과 하나가 되었습니다. "마음을 삼가는 것이 무슨 뜻입니까?" 안회가 물었다. 이에 공자가 대답했다. "네 뜻을 하나로 모아라. 귀로 듣지 말고 마음으로 들어라. 마음으로 듣지 말고 영혼으로 들어라. 귀의 작용은 듣는 것에 그치며, 마음의 작용은 형상과 관념에만 그친다. 영혼은 비어 있으면서도 모든 것에 반응한다. 도는 이 빈 곳에 거처하니, 비우는 것이야말로 마음을 삼가는 일이니라."

"내가 마음을 삼가는 법을 익히는 것을 가로막았던 것은 나 자신 안에 있었을 뿐입니다. 마음 삼가는 법을 수련하자마자, 저는 나 자신이라는 것이 애당초 없었음을 알게 되었습니다. 비운다는 것이 바로 이를 뜻하는 것입니까?" "옳다. 바로 그것일 뿐이로다!" [回日:「敢問心齋。」仲尼日:「若一志，无聽之以耳而聽之以心，无聽之以心而聽之以氣。聽止於耳，心止於符。氣也者，虛而待物者也。唯道集虛。虛者，心齋也。」 顏回日:「回之未始得使，實自回也；得使之也，未

始有回也。可謂虛乎？」夫子曰：「盡矣。吾語若！」]

장자 내편 인간세에 나오는 공자님과 안회의 대화입니다. 장자의
수양법, 즉 도교 수행법의 핵심인 심재에 대한 설명입니다. 위 번
역은 현대 중국 최고 지성 가운데 하나인 우징숑 님 번역입니다.
우 박사는 선불교란 인도에서 유래한 불교와 중국 도교를 부모로
하는 자식이라고 했습니다. 게다가 도교 핵심 경전 가운데 하나
인 장자에서 공자님과 안회를 출연시킨 것으로 볼 때 유교 또한
도교와 뗄 수 없이 표리를 이루는 종교가 아닌가 합니다.

다음은 장자 대종사에 나오는 좌망(坐忘)에 대한 말씀입니다.

안회가 공자에게 이렇게 말했다. "저는 나아가고 있습니다."
"어떤 길로 말이냐?" "저는 인의를 잊어버렸습니다." 안회가
말했다. "아주 좋구나. 하지만 그것으로는 부족하다." 공자가
말했다. "예악을 잊었습니다." "괜찮구나, 하지만 아직 멀었
다." 공자가 말했다. 안회가 다시 말했습니다. "망각 속에 빠
져들었습니다." 공자가 반색하며 말했다. "망각 속에 빠졌다
니 무슨 뜻이냐?" "몸뚱어리와 사지를 버렸으며 지각을 내던
졌습니다. 망각 속에 빠져들었다는 것, 곧 좌망이란 이를 이
르는 말입니다." "무한과 하나가 되었다는 것은 호오가 그쳤
다는 뜻이다. 변화한다는 것은 매이는 것이 없다는 뜻이다.
그리하여 자네가 내 앞에 가게 되었네. 나는 그대의 발자국을
따르리라." [顏回曰：「回益矣。」仲尼曰：「何謂也？」曰：
「回忘仁義矣。」曰：「可矣，猶未也。」他日復見，曰：「回
益矣。」曰：「何謂也？」曰：「回忘禮樂矣。」曰：「可矣，猶

未也。」他日復見，日：「回益矣。」曰：「何謂也？」曰：「回
坐忘矣。」 仲尼蹴然日：「何謂坐忘？」顔回日：「墮肢體，
黜聰明，離形去知，同於大通，此謂坐忘。」仲尼日：「同則
無好也，化則無常也。而果其賢乎！丘也請從而後也。」]

　　많은 이들이 장자에서 두 개의 키워드를 뽑으라면 심재와 좌망을
얘기하는데 이것만 알아도 장자를 꽤 아는 것이라고 생각합니다.
왜 제가 좌망에 꽂혔나 하면 바이블에서 그리스도가 나를 따르려면
자기를 부인하라 할 때 자기를 부인하는 것을 '소아를 잊음(forget
self)'으로 번역한 경우를 보았기 때문입니다. 좌망을 통하여 호오(
好惡)를 벗어났다 함은 비이원성(non-duality)에 도달했음을 뜻하
는데 이는 힌두교-불교 전통에서 깨달음의 최종 상태를 설명할 때
자주 등장합니다. 위 구절에서 놓치지 않아야 할 것은 후대들은 그
리스도나 공자를 우상화하느라 간과하는 점인데 정말로 훌륭한 스
승은 제자가 당신을 앞서가는 것을 좋아한다는 점입니다. 다음에
조철(朝徹)은 실상 심재, 좌망과 표리를 이루는 것으로 보며 그것들
과 마찬가지로 중요한 것이라 역시 우징숑 님 번역을 소개합니다.

　　"남백자규가 여우(女偶) 도사에게 물었다. '선생님은 수 십년
　　나이가 들었음에도 여전히 아이 얼굴이십니다. 비법이라도
　　있습니까?' 여우가 말했다. '글쎄다. 도를 연마했을 뿐이다.'
　　'배워서 도를 얻을 수 있습니까?' 그 사람이 물었다. '당연히
　　불가능하다.' 도사가 말했다. '너는 그럴 위인이 못 된다. 복
　　량의 경우 성인의 자질은 많았지만, 성인이 되는 길을 몰

랐다. 내 경우는 성인이 되는 길은 알지만, 성인의 자질을 갖추지 못했다. 그래서 나는 그 자질을 실현시켜 주겠다는 부푼 꿈을 안고 복량의에게 그것을 가르치느라 몸이 단 것이다. 하지만 성인의 자질을 갖춘 사람이니까 그 길을 가는 길이 쉬울 것으로 생각해서는 안 된다. 그의 경우에도 가르칠 수 있는 적당한 시간이 언제가 될지 기다려야 했다.

그렇게 사흘을 가르쳤더니 그는 세상에서 벗어났다. 이것을 해낸 뒤 다시 지켜보면서 인도했더니 7일 뒤에는 감각과 물질의 세계에서 벗어났다. 또다시 9일 동안 지켜보면서 인도했더니 그는 삶에 대한 집착에서 벗어났다. 삶에 대한 집착에서 벗어났을 때만이 우리는 꿰뚫어 볼 수 있다. 꿰뚫어 보면 오직 하나를 보게 된다. 오직 하나를 보게 될 때 과거와 현재를 초월하느니라. 과거와 현재를 초월하게 되면 죽음도 없고 탄생도 없는 세계로 들어가게 된다. 죽지도 나지도 않을 때 모든 것들의 죽음과 삶을 없앨 수 있노라.

사람이 이런 경지에 들게 되면 무너지든 쌓이든 모든 것을 받아들이고 모든 것을 환영하며 모든 일을 동등하게 대하며 외부의 것들과 무한히 조응하게 되느니라. 이것이 바로 '시련과 고통 속의 평화'라고 한다. 어떻게 시련과 고통 속에서 평화를 지킨다는 말인가? 바로 이런 것들을 통해야만 평화가 온전해지기 때문이다." 『南伯子葵問乎女偊曰 :「子之年長矣 , 而色若孺子 , 何也 ?」 曰 :「吾聞道矣。」 南伯子葵曰 :「道可得學邪 ?」 曰 :「惡 ! 惡可 ! 子非其人也。夫卜梁倚有聖人之才 , 而無聖人之道 , 我有聖人之道 , 而無聖人之才 , 吾欲以教之 , 庶幾其果為聖人乎 ! 不然 , 以聖人之道告聖人之才 , 亦易矣。吾猶守而告之 , 參日而後能

外天下；已外天下矣，吾又守之，七日而後能外物；已外
物矣，吾又守之，九日而後能外生；已外生矣，而後能朝
徹；朝徹，而後能見獨；見獨，而後能無古今；無古今，
而後能入於不死不生。殺生者不死，生生者不生。其為物，
無不將也，無不迎也；無不毀也，無不成也。其名為攖寧。
攖寧也者，攖而後成者也。』

    수행을 통한 깨달음 없이 자구에만 충실한 번역을 보면 도통 이
해할 수가 없지만, 이분의 번역은 거의 항상 이해할 수 있어서 가져
왔습니다. 동서 모든 신비주의 영성은 명상 체험을 통한 비이원성
에 대한 깨우침에 기반하고 있어서 한 가지를 각각 다른 언어로 말
하고 있을 뿐이라고 생각합니다. 그렇게 명상을 통해서 세상을 초
탈할 때 신성의 특징인 무조건적 사랑과 신적 기쁨, 평화를 누리면
서 세상에 신성을 드러내며 살 수 있을 것입니다. 그것만이 인간을
궁극적으로 만족시켜 줍니다. 운동선수가 매일 훈련하듯 하면 이승
에서 그 비슷한 경지에 가지 않을까 합니다. 그러다가 임종을 맞으
면 크게 걱정한 바가 없으리라는 것도 믿을 수 있습니다.

2. 멸정복성

1. 서론

이 공부의 특징과 요지를 정리하면 다음과 같습니다.

첫째, 동서의 신비주의 전통에 부합하는 영성입니다. 즉 궁극의 실체이자 존재의 근원인 신적 실체의 양면을 우주 의식(universal consciousness)과 신 의식(divine consciousness)으로 지칭하고, 우주 의식은 궁극의 평형 상태로서 무극에 해당하는 반면, 신 의식은 우주 의식의 창조 활동으로서 태극에 해당합니다. 각각 체(體)와 용(用)에 해당한다고 봅니다. 그러한 신 의식과의 접속 또는 일치를 체험적으로 실현하기 위해 꾸준히 명상할 것을 제시합니다.

동시에 신 의식과의 일치를 위한 전제 조건으로서 에고 또는 아상으로 불리는 인간의 감정 및 신념 체계를 해체할 것을 요구합니다. 이 점은 대승기신론의 가르침과 일치한다고 봅니다. 대승기신론은 깨달음에서 가장 중요한 것은 한마음이며 그 마음을 심생멸(心生滅)과 심진여(心眞如)로 나누어 구름에 해당하는 생멸심을 제거할 때 햇빛처럼 진여심이 발하여 깨달음의 삶을 살게 된다고 합니다.

둘째, 기존 기독교 가르침을 폐기하거나 대폭 수정할 것을 제안합니다. 즉 원시 부족사회의 필요에서 나온 범주는 신개념과 원죄론 등은 이제 폐기해야 마땅하며 그 대신 인간이 태어날 때부터 가진 생존 본능이기도 한 결합-배척의 추동력을 극복하는 것이 지복으로 가는 지름길이라고 봅니다. 따라서 죄의식과 사후 심판 교리에 집중하는 서양 종교보다는 카르마와 환생을 가르치는 동양 영성과 궤를 같이합니다. 특히 피 흘리는 제사는 신 의식의 본성이기도 한 생명을 경시하게 함으로써 신 의식에도 반하는 일이라고 생각합니다. 그러니 피 흘리는 그리스도의 희생에 기초한 대속 신앙도 버려야 할 것이 됩니다. 당연히 가톨릭의 피와 살의 변모를 중심으로 한 예식은 실체 변화로 볼 게 아니라 그저 비유와 상징으로 읽어야 하는 것이 됩니다.

셋째, 양자 역학, 진화론 등 현대 과학의 성과를 수용하면서도 환원론적이고 유물론적인 과학주의를 비판하고 지양합니다. 다만 현대 과학이 설명하고자 노력하는 의식으로써 세상 현상을 설명합니다. 즉 선택 의지와 지적 인식의 원천인 '의식'이 무소부재, 즉 없는 곳이 없이 존재하면서 생명현상과 창조 현상을 드러내는 것으로 봅니다. 세포가 영양분과 독극물을 선택하고, 전자가 입자와 파동을 선택하고, 전자기력이 인력과 척력을 행사하는 것을 모두 그 수준만 달리하는 의식의 작용으로 봅니다.

동서고금 성현들이 가르친 진리가 모두 의식 수준만 다른 진리라고 생각합니다. 그것이 성(誠)에 벗어나지 않는 한 수용하고 조화시킬 수 있습니다. 즉 호킨스 박사가 찾아낸 의식 지도에 따라 평가하고 활용할 지식이라는 것입니다. 특히 4대 성인 가운데 그리스도와 붓다 의식은 인간이 도달할 수 있는 최고에 이르렀다는 박사의 발견을 그대로 받아들입니다. 따라서 계시종교와 자연종교의 차이를 수용하지 않습니다.

저는 모든 신비주의가 공통으로 가르치는 자기 극복 또는 에고 소멸, 즉 아상의 제거를 통하여 신 의식과의 일치를 추구하는 '멸정복성'이 매우 상식적이며 누구나 닦아야 할 과제라고 봅니다. 분리와 차별을 불가피하게 수반하는 종교의 언어를 벗어나 영성과 과학 용어로 통일된 수행 방법을 전파할 수 있다고 봅니다. 2부에서는 일단 제가 공부한 것 가운데 동서고금 문화 배경을 달리하면서도 핵심 주제가 대동소이한 세 가지 텍스트를 소개하고자 합니다.

먼저 이고 선생의 '복성서'는 이미 설명했듯이 대승기신론의 뼈대를 유교의 용어로 설명한 것인데 실천 요강으로 명상과 감정의 소멸을 제시하고 있습니다. 다음에 마이스터 에크하르트는 기독교 신비주의의 태두로서 마태복음 16:24절을 공부의 요체로 삼고 있습니다. 그의 '훈화'는 모든 피조물을 버리고 떠나는 일을, 글쓰기나 악기 연주처럼 완전히 숙달할 때까지 연습해야 하는 일로 말하기 때문에 인상 깊습니다.

마지막으로 호킨스 박사의 '놓아버리기'는 실생활에서 에고를 초월해 나가는 과정을 현대 심리학의 성과를 기초로 안내하고 있는데 이 방편이 깨달음으로 가는 제3의 길로서 종교, 국적, 문화와 상관없는 매우 효과적인 방법임을 강조하고 있습니다. 이 방편의 전제 또한 내면의 신적 실체인 참나를 가리는 소아를 제거할 때 의식이 향상하여 결국 깨달음으로 간다는 것입니다.

2. 이고(李翶) 선생(773경-841)과 복성서

이고 선생의 복성서는 불교 수행의 요점을 유교 경전에 의거 정리한 것입니다. 즉 대승기신론의 핵심 주제를 4서3경과 융합한 실천 요강이라고 할 수 있습니다. 선생은 불교가 지배적인 사회에서 활동하였고 당시 주류를 이루던 선불교의 유엄선사에게서 깨달음을 인가받은 바 있어 사실상 불교도였지만 불재(佛齋)의 폐해를 보고 불교 지양의 한 방법으로 불교 수행법을 유교 경전을 이용하여 정리하였습니다.

중국 불교는, 4-5세기 남북조시대에 왕즉불 사상이 지배 이데올로기가 됨으로써 8~9세기 당나라 말기까지 융성했으나 오늘날 기독교와 마찬가지로 그 모순이 극에 이르러 안녹산의 난을 초래하는 등 극복의 대상이 되었습니다. 선생은 인척 관계에 있던 한유와 더불어 척불의 선봉에 섰지만 한유와 달리 불교의 정신을 배격하지 않고 불교의 폐해만을 제거하고자 했습니다. 즉 유교로써 불교를 대체할 이념으로 삼고 유교 경전 속에서 그 방책을 찾았습니다.

실제로 주희는 이고 선생이 중용을 경전의 위치로 높이고 해설한 최초의 사람임을 인정하고 있습니다.[1] 그럼에도 주희는 근사록과 태극해의를 지으면서 이고가 아니라 이고를 계승한 주렴계를 신유학의 비조로 삼음으로써 의도적으로 이고 선생을 배제하였습니다.[2] 제가 보기에는 신유학을 유불선 회통의 수행법으로 보면 간단함에도[3] 지나친 불교배격의 심사로 인해서 지름길이 아니라 돌아가는 길을 택한 것 같습니다.

대승기신론에 따르면 사람의 마음은, 깨달은 자나 깨닫지 못한 자나 똑같이 현세의 덧없는 마음인 생멸심(生滅心)과 초시간적 마

---

1 김용남 지음 '성리학의 개창자, 이고' 157쪽
2 같은 책, 164쪽
3 우징숑 지은 '선의 황금시대'에 따르면 선불교는 인도 불교와 중국 도교의 융합입니다.
   이고 선생은 그러한 선불교의 가르침이 유교 경전과 모순되지 않는다는 것을 입증하였습니다.

음인 진여심(眞如心)으로 되어 있는데, 무명에서 나오는 망념에 휘둘림으로써, 즉 생멸심이 진여심을 가림으로써 고(苦)를 체험한다고 봅니다. 따라서 대승기신론의 근본 주제는 무명을 거둬낼 때 진여심이 드러나 깨달음에 이른다는 것입니다.[4] 아울러 무명을 거둬내기 위하여 생각을 끊는 지관(止觀), 즉 선정바라밀과 지혜바라밀을 수행하라고 합니다.

복성서는 바로 이 가르침을 유교의 용어로 풀었는데 생멸심은 감정(情), 진여심은 본성(性)으로 무명은 어두움(昏)으로 표현하였습니다. 지관 수행의 요점은 고요히 앉아 모든 생각을 끊는 일입니다. 저는 한자 자구에 얽매이지 않고 또 조선 성리학 패러다임에 갇히지 않기 위해 정(情)을 에고로, 성(性)을 참나로 바꾸어 썼습니다. 이 용어가 불가의 생멸심-진여심과 더 잘 어울리는 측면도 있다고 생각합니다. 복성서는 상-중-하편으로 나누어 볼 수 있는데 수행의 요점만 간단히, 하지만 핵심을 놓치지 않고 짚고 있습니다. 여러 자료를 참고로 장절을 나눈 원문은 별도로 붙입니다.

(1) 상편 1절(참나와 에고의 작용, 관계 및 본질)

우선 상편 1절에서는 참나와 에고의 작용, 관계 및 본질에 대해 논하고 수행을 통해서 에고를 잠재운 사람이 바로 성인이라고 합니다. 즉 에고란 '희로애구애오욕' 일곱 가지 감정으로 드러나는데 '

4　김하풍, 신을 보는 길, 부처를 보는 길, 174쪽

에고가 없는 것처럼 되면 참나가 주인이 된다(情不作, 性斯充矣)'는 것이 요점입니다. 이 점은 수행의 전통에서 "깨달음이란 현상은 구름이 걷혔을 때 태양이 빛나는 것과 비슷하다."[5]고 하므로 에고는 구름, 참나는 태양에 해당합니다. 저는 복성서가 대승기신론의 깨달은 자를 성인으로 표현했다고 봅니다.

다음에 '참나는 하늘의 뜻과 같다(性者, 天之命也)'고 하는 말은 '하늘의 뜻이 새겨진 것이 참나(天命之謂性)'라는 중용 첫머리와 같은 말입니다. 이어서 성인이란 '에고가 있어도 마치 없는 자처럼 된 경지(雖有情也, 未嘗有情也)'이기 때문에 '참나로 돌아가서 우주를 비추는 무한한 빛과 같은 존재(復其性而燭天地爲不極之明)'가 되자고 합니다. 신비가들은 한 사람이 완전히 깨달아 참나로 살 때 세상의 빛이 되어 세상의 변혁에 바로 영향을 미친다고 말하는데 바로 그러한 취지의 말씀입니다.

(2) 상편 2절(성인의 길)

상편 2절에서는 성인이란 깨달은 사람이며 깨달아서 밝아졌다고 하는 것은 그저 무명, 즉 어두움이 사라졌을 뿐 완전히 참나에 들어앉은 것은 아니라고 합니다. 밝음과 어두움을 분별한다는 것은 아직 이원적 세계에 있는 것이니 그것마저 벗어나야 한다고 합니다.

---

5   데이비드 호킨스, '내 안의 참나를 만나다', 15쪽

무자 화두로 깨달음을 얻은 백봉 김기추 선생은 깨달은 상태를 "밝지도 어둡지도 않은(非明非暗) 바탕을 나투는" 일이라고 하셔서 위 말씀을 확인해주고 있습니다.

이원적 대립마저 벗어난 경지를, 행함도 말도 끊어짐으로써(行止語黙) 고요하고 밝게 세상을 비추면서 근원과 소통하는 상태(寂然不動, 廣大淸明, 照乎天地, 感而遂通天下)라고 하며 그 상태를, 중용이 가르치는 완전한 투명성(至誠)과 같은 것으로 봅니다. 전심법요는 똑같은 경지를 '말이 끊어지고 마음이 사라진(言語道斷 心行處滅)' 것으로 표현합니다. 또한 거기에 이르기 위해서 모든 생각을 끊으라고 합니다.[6]

그러니 일단 무명을 걷어내 밝아진 상태에 도달했지만 깨닫기 직전의 수행자인 현인(賢人)이 쉬지 않고 생각 끊기에 매진하면 결국 완전히 성(誠)에 이르러 성인이 되는 것으로 읽을 수 있습니다.[7] 이 구절은 불교의 여섯 바라밀 가운데, 쉬지 않고 끝까지 닦아야 한다는 정진바라밀을 떠올리게 합니다. 즉 복성서는 단박에 깨닫는 상근기를 위한 가르침이 아니라 보통 사람으로서 우리가 점진적으로 평생 닦아야 함을 여러 번 말하고 있습니다.

그러면 위에서 현인은 누구입니까? 유교명상론을 지은 정은해

---

6 아래 중편에서 과거도 미래도 생각지 말라는 뜻을 가진 '弗慮弗思'를 제시합니다.
   이 말은 전심법요와 연관됩니다. 즉 전심법요는 '마음이 멎으면 고요해지니 과거를 생각하고 미래를 걱정할 필요가 없다(但知息心即休 更不用思前慮後)'고 합니다.
7 復其性者, 賢人循之而不已者也. 不已則能歸其源矣"

님은 왕양명의 전습론을 해설하면서 '범부와 달리 공부를 시작한 학인(學人)은 반성 의식을 써서 닦으며 종종 사욕이 재발하는 반성적 무능 상태임을 드러내지만, 군자는 닦는 대로 사욕이 잘 다스려지기에 반성적 유능 상태라 할 수 있고, 성현은 천리(天理)에 도달하여 반성 의식 없이도 다스려지기에 무반성적 유능 상태'라고 합니다.[8]

이러한 말씀을 종합하건대 복성서의 현인은 군자와 성인에 걸쳐 있으며 이들은 깨달을 때까지(즉 성인이 될 때까지) 쉬지 않고 닦되 닦으면 닦는 대로 결함이 제거되어 곧 성인이 될 수 있는 것입니다. 그래서 안회의 경우 3개월 동안, 닦음의 최고 경지인 인(仁)에서 벗어난 적이 없어 거의 성인에 도달했는데 요절하는 바람에 도달하지 못했을 뿐이라는 말씀이 나옵니다. 이어서 주역 건괘 문언전과 중용 22~23장을 인용해서 성인의 경지를 부연 설명합니다. 즉 현인, 즉 군자가 계속 닦아 에고가 사라지면 사사로움이 전혀 없어져 내면에서 참나가 '생명을 낳아 기르는 마음(즉 天地生物之心)'인 인(仁)을 저절로 구현하게 된다는 것입니다.

또 하나 제게 인상 깊은 것은 소위 예와 악이란 것은 에고가 없는 성인에게서 저절로 나오는 것이어서 편안히 있을 때는 음악을 즐기며 움직일 때는 저절로 예에 딱딱 맞는다는 말입니다. 보통은 멸정(滅情)의 과정을 생략한 채 예를 강요하는 것이 세속의 풍습이기 때

---

8 정은해, 유교명상론, 506~508쪽

문에 예라고 하면 거부감부터 생깁니다. 이것은 닦는 순서가 틀려서 그렇다고 봅니다.

먼저 '끌리는 일만 하려는 에고를 없애고 참나의 명에 귀를 기울이도록(忘嗜欲而歸性命之道)' 가르쳐야 한다고 봅니다. 그럴 때 비로소 예는 천리(天理)를 말하는 것이기 때문에 상근기의 삶을 살 수 있습니다.[9] 그리고 홀로 있을 때 앉으나 서나 음악을 듣는 것은 에고의 빗나간 마음을 차단하기 위한 것임을 알 수 있습니다. 예와 악을 강조할 때 반드시 새겨야 할 말씀이라고 생각합니다.

(3) 상편 3절(깨달음과 개인의 지향)

앞 절에서 안회에 대해 다루었지만, 보통은 안회가 왜 어떻게 유교 심학(心學)의 비조인지 모르고 그저 심학의 전통이 끊겼다고만 합니다. 이고 선생은 논어 선진편을 인용하면서 안회가 3개월 동안 인(仁)에서 벗어난 적이 없다고 하여서 '생명을 낳아 기르는 마음'인 인을 강조합니다. 그러니 "거의 다 왔으며 자주 텅 비었다(其庶乎 屢空)"고 하는데 이것을 쌀독이 자주 비었으니 가난을 즐겼다(安貧樂道)고 해석하는 것보다 '거의 성인에 이르렀으니 자주 에고가 텅 비어 참나에 든 상태였다'라고 해석하는 것이 좋다고 봅니다.

그것은 이고 선생에 대해 저술한 김용남 님의 해석이기도 합니

---

9 탄허록, 133쪽

다. 저는 이 해석이 이고 선생과 더불어 유불선을 회통한 해석이라고 봅니다. 즉 장자 내편 인간세와 대종사에 나오는 심재와 좌망에 대한 공자와 안회의 대화를 감안할 때 더욱 그렇습니다. 대종사에서 안회는 수련 끝에 "몸을 버리고 분별을 버리고 모습과 앎을 버려 하나로 통하게 되었으니 좌망이라 합니다."[10]고 하자 공자님은 "바라건대 내가 네 뒤를 따르리라."[11]고 하십니다.

이 말씀의 의미는 깨닫고 나서도 의식이 더 향상하면 누구든 스승을 앞지를 수 있다는 것인데, 기독교에서 잘 강조하지 않지만, 누구든 그리스도를 지나가는 관문으로 여기라는 말씀과 그 취지가 같습니다. 3절은 이어서 자로와 증자가 죽을 때 한 말을 설명하는데 저는 그들의 상태가 논어 이인(里仁)에서 "밥 먹을 만한 시간에도 인에 어긋남이 없으니 아무리 급한 때라도 그러하고 자빠져 넘어지는 순간에도 그러하다."[12]라는 말씀에 꼭 부합한다고 생각합니다. 즉 성인이 실천하는 인의 경지는 이리저리 따져서 하는 게 아니라 이미 완전히 참나와 하나이기 때문에 마치 조건반사처럼 느닷없이 튀어나오는 것임을 시사합니다.

(4) 중편 1절(깨달음의 방법 생각을 일으키지 않음으로써 에고를 잠재움)

중편은 참나에 이르는 과정이 점진적임을 설명하는데 먼저 생각

---

10 墮肢體 黜聰明 離形去知 同於大通 此謂坐忘", 번역은 우징슝 님의 '선의 황금시대', 23쪽
11 丘也請從而後也", 위와 같음
12 "無終食之間違仁 造次必於是 顚沛必於是."

을 끊는 것(弗慮弗思)이 바로 올바른 사고(正思)의 전제 조건이라고 보는 것입니다. 주역 계사하전에 따르면 '사(思)란 마음을 쓰는 것을 말하고 려(慮)란 일을 계획하고 헤아리는 것을 말하니 마음을 비우면 고인 물과 거울 같아서 일을 맞이해도 고요한 상태'[13]라고 합니다. 이어서 주역 문언전과 시경을 인용하여 빗나감(邪)을 완전히 없애는 과정이 필요함을 말합니다. 그 과정은 맹자가 말한 구방심(求放心)과 반구저기(反求諸己)의 실천인데 바로 반성 의식을 구사하여 닦는 과정이기도 합니다. 앞에서 좌망을 거론하였으니 안회가 심재 단계에서 어떻게 닦았는지 보고자 합니다.

"마음을 삼간다는 것(心齋)이 무슨 뜻입니까?" 안회가 물었다. 이에 공자가 대답했다. "네 뜻을 하나로 모아라. 귀로 듣지 말고 마음으로 들어라. 마음으로 듣지 말고 영혼으로 들어라. 귀의 작용은 듣는 것에 그치며, 마음의 작용은 형상과 관념에만 그친다. 영혼은 비어 있으면서도 모든 것에 반응한다. 도는 이 빈 곳에 거처하니, 비우는 것이야말로 마음을 삼가는 일이니라." "내가 마음을 삼가는 법을 익히는 것을 가로막았던 것은 나 자신 안에 있었을 뿐입니다. 마음 삼가는 법을 수련하자마자, 저는 나 자신이라는 것이 애당초 없었음을 알게 되었습니다. 비운다는 것이 바로 이를 뜻하는 것입니까?" "옳다. 바로 그것일 뿐이로다!"[14]

---

13 思者心之用也, 慮者謨度其事也, 心體虛靈 如止水明鏡 未與物接寂然不動 (계사하전 5장 本義)

14 우징슝, 선의 황금시대, 21쪽. 원문 回曰:「敢問心齋。」仲尼曰:「若一志, 无聽之以耳而聽之以心, 无聽之以心而聽之以氣。聽止於耳, 心止於符。氣也者, 虛而待物者也。唯道集虛。虛者, 心齋也。」顏回曰:「回之未始得使, 實自回也;得使之也, 未始有回也。可謂虛乎?」

중편 1절에서 생각을 끊었다는 것은 그저 마음을 삼가하여 고요해졌을 뿐 마음의 작용(動)이나 부작용(靜), 즉 양과 음에 해당하는 이원성을 벗어난 것은 아니라고 보아서 이원성을 모두 떠나 원시의 깊은 고요 속에 잠잘 때처럼 마음이 전혀 없는 것 같은 상태, 즉 적연부동(寂然不動)한 상태가 필요하다고 봅니다. 이 경지는 완전한 투명성(至誠)이라고 해서[15] 장자의 좌망과 같은 경지라고 생각합니다. 즉 마음의 작용이나 부작용(靜)을 모두 벗어난 상태가 적연부동이고 적연부동할 때 비로소 투명하다(誠)고 하며 이 투명한 상태를 중용에서 밝음(明)이라고 한다고 부연합니다.

(5) 중편 2절(고요함으로써 참나가 비춤)

보통 세상에서 덕을 닦고 뛰어난 지도자가 되도록 하는 오늘날의 교육은 엄격한 규율과 벌칙에 의존합니다. 이것은 바로 복성서가 지적하는 것처럼 에고로써 에고를 닦는 일이기에 더 큰 에고의 작용일 뿐[16]효과가 없는 방법입니다. 우리가 완전히 참나에 들어앉기까지는 계속 에고를 닦아나가야 한다는 것은 모든 가르침이 말하는 바입니다. 이미 인용했듯이 '유교명상론'은 이 단계를 현상학의 용어를 빌려 반성 의식이 작동하는 단계라고 합니다.[17]

夫子曰 : 「盡矣。吾語若！」(장자, 인간세)

15 方靜之時, 知心無思者, 是齋戒也, 知本無有思, 動靜皆離, 寂然不動者, 是至誠也. 中庸 ． 誠則明矣.

16 以情止情, 是乃大情也

17 정은해, 유교명상론, 504쪽

그래서 백성욱 선생은 수행이란 오직 과를 고쳐 선으로 옮겨가는 일(改過遷善)이라 하였고[18] 왕양명 선생은 정좌를 통해서 고양이가 쥐를 잡듯 언제나 정신을 집중하여 눈으로 살피고 귀로 들어서 한 생각의 싹이 발동하자마자 곧바로 제거해야 한다[19]고 하였습니다. 다른 가르침에서도 에고의 작용이 가죽끈과 쇠사슬처럼 작용하니 그것부터 끊어내야 한다고 하는데 이와 비슷한 표현이 위 전습록에 나오는 것도 신기합니다.[20] 유불선 수행의 요결서이자 통합서라고 해도 지나치지않은 채근담은 이목구비가 모두 질곡이라고 하였습니다.[21]

끊임없이 닦되 붓다나 그리스도처럼 되는 것, 즉 성인이 되는 것을 당연한 목표인 것처럼 말하는 것이 복성서입니다. 그래서 다시 안회의 실천을 거론하면서 참나 상태가 되면 마음이 고요하고 움직임이 없는 데다 빛처럼 천지를 비추고 완전히 투명한 상태지만 우주 의식과 소통하고 있어서 모르는 게 없고 하지 못 하는 게 없다고 합니다.

(6) 중편 3절(중용 3강령 해석)

3절은 중용 1장과 26장을 해설합니다. 참나를 구현한다 함은 하

---

18 김영사, 마음을 어디로 향하고 있는가, 131쪽
19 전습록상 39 陸澄錄, 猫之捕鼠，一眼看着，一耳听着，才有一念萌动，即与克去
20 전습록 같은 곳, 斩钉截铁
21 채근담 146장

늘의 뜻이 새겨진 참나를 잠시라도 떠나지 않도록 참나에 장애가 되는 것을 치우기 위해 끊임없이 닦는 것이며 그렇게 닦으면 밝아지며 밝아진 상태에서 자명한 것만을 선택하여 지켜나갈 때 도가 이뤄지는데 그러한 모범으로서 다시 안회를 거론합니다.

도를 닦는 일에서는 마음 깊은 속 존재의 근원(中)에서 나오는 창조적이고 선한 생각만 드러낼 수 있도록 홀로 있을 때 삼가하여 에고가 발하기 전의 생각이 끊어진 상태를 지키라는 것이 중용의 요약입니다. 복성서는 그러한 닦음이 점진적임을 다시 강조합니다. 그러니 오래 닦되 아래 마이스터 에크하르트 항목에서 다루겠지만 악기를 연습하는 사람처럼 매일 훈련을 쉬지 않으면 황급할 때나 걸려 넘어지는 순간(造次顚沛)에도 도에서 떠나지 않아 인(仁)을 실천할 수 있게 될 것임을 말하고 있습니다.

그렇게 우주의 뿌리이자 존재의 근원인 중(中)에 도달한 상태는 참나가 구현된 성인의 경지로서 평소에는 생각도 없고 행함도 없지만 일이 닥치면(格物)[22]비로소 자명한 판단을 하며(明辨) 결과에 대한 집착이 없을 정도로 마음이 투명하기(昭昭然) 때문에 일에 얽매이지 않게 되는 경지를 지혜에 이르렀다(致知)[23]고 합니다. 그런 지혜에 이르기 위해 사물의 이치를 철저히 궁구해야 한다는 것이 주희의 입장인 데 비해서 철저히 에고를 닦아 에고 작용을 벗어났을

---

22 중편 2절에서 격물치지를 설명하기를 "物者, 萬物也, 格者, 來也, 至也"라 하여서 격물은 일이
　　닥쳐옴이라고 해석합니다.
23　物至之時, 其心昭昭然明辨焉, 而不應於物者, 是致知也

때 참나에 따라 살 수 있다는 것(致良知)이 왕양명의 입장입니다.

3절에서는 다시 안회를 거론하면서 도에서 떠나지 않는 것이 중요하다는 것, 도에서 떠나지 않으려면 홀로 있을 때 근신하며(愼其獨) 생각이 끊어진 참나의 자리를 지키는 일(守其中)이 핵심이라는 것, 생각 끊기를 밭을 가는 사람이 매일 갈 듯 그치지 않으면 의식이 투명하고 밝아져 마치 전지전능한 신의 경지에까지 갈 수 있다는 것(不動而變, 無爲而成)을 중용 26장을 빌어 강조합니다.

(7) 중편 4절(참나와 에고의 작용과 관계를 다시 논함)

4절에서는 상편 1절의 주제를 다시 강조합니다. 참나가 선한 것은 물이 아래로 흐르는 것과 같이 변하지 않는 본성이라는 것을 맹자 고자상편을 인용해서 말하며 걸주가 악해진 것은 욕망과 편견이라는 에고 작용의 결과일 뿐이라고 합니다. 요순의 예로써 에고가 사라진 상태란 완전히 투명하고 온전한 상태(至誠)와 같다는 것을 다시 강조하는데 그 상태는 또 중(中)에 이른 상태임을 반복합니다.

요순이 일 처리한 것, 즉 재상을 등용한 것, 유배 보내고 처형을 한 것, 정벌을 한 것 등은 모두 에고의 사사로움이 전혀 없이(非喜, 非怒) 한 것이기 때문에 바로 중용의 화(和)와 같아 모두 절도에 맞고 세상에 모범이 되었다고 합니다. 결국 에고가 사라진 상태란 말 그대로 사사로움이 없기에 공정투명하다는 말과 같습니다. 공정투명한 경영의 기초도 에고 소멸에서 나오는 것임을 말하고 있어서 오늘날 모든 경영 원리에 그대로 관철할 수 있는 비결이라고 생각합니다.

이어서 주역과 중용을 인용하면서 불려불사의 수행을 쉬지 않고 함으로써 결국 에고를 없애고 참나 상태로 사는 것이 중과 화를 실천하는 길이며 그때 일 처리는 더딘 것 같지만 빠르고 행함이 없는 것 같지만 목적이 이뤄지는(不疾而速, 不行而至) 성인의 경지라는 것입니다. 그렇게 요순 임금이 성인으로 불리는 이유를 설명한 셈입니다.

마지막으로 또 한 사람의 성인으로 불리는 이윤을 호출하여 한 번 제대로 참나를 성취하여 성인의 경지에 도달했다면 다시 에고의 휘둘림에 빠질 수 없다는 것을 말합니다. 즉 맹자 만장상편을 인용해서 성인이 다시 에고의 어리석음에 빠진다면 그것은 깨닫지 못한 증거이니 당연히 성인이 아니라는 말입니다.[24]

(8) 중편 5절 및 하편

중편 5절과 하편에서는 사후의 일에 대해서 논하는데 공자님을 인용하여 유가의 노선을 충실히 따름으로써 논쟁을 벌일 필요 없이 오직 쉬지 않고 닦을 것(修之不息)을 강조합니다. 다만 이고 선생 자

---

24 如將復爲嗜欲所渾, 是尙不自覺者也

신의 닦음에 대해 말하길 이미 '나'가 없어져서 움직일 때나 움직이지 않을 때나 같아서 이루지 못함도 없다고 합니다. 마음을 닦지 않고 내버려 두면 짐승과 다름이 없으니 쉬지 않고 닦을 것과 세월이란 덧없는 것이므로 오직 진리 탐구와 수행에 애쓰는 일이 가장 긴박한 일이 아니겠냐고 하는 것으로 결론을 삼고 있습니다.

이상 텍스트 중심으로 복성서의 내용을 살펴보았습니다. 제 나름으로 복성서의 특징을 정리하자면 첫째 복성서는, 그 내용을 대부분 계승한 주렴계의 통서[25] 이후 신유학의 관심사와 공부 방향을 거의 결정한 논문입니다. 즉 공부하는 자(學人)들이 깨달아 성인이 될 때 나라가 제대로 다스려져 요순시대를 앞당길 수 있으며 에고를 없앤 만큼 참나가 충실해져서 '온 천지 만물을 낳고 기르는 우주적 마음'[26]인 인(仁)이 다스리는 세상을 이룰 수 있다는 내성외왕의 요점을 정리한 논문입니다.

복성서는 과거시험을 위한 관변 학문에서 벗어난, 진리 추구의 학문이 먼저이고 거기에 몰입한 선비 집단에서 관료가 나와야 한다는 신유학 전통의 근원이라는 의미도 있습니다. 동아시아에서 유불선은 통치이념이자 제왕학이었기에 왕을 비롯한 당시 엘리트들인 선비(士)들을 겨냥한 것이지만 민주정이 이뤄진 오늘날 소위 깨어 있는 시민들이 주권자이기 때문에 모든 이들이 깨달은 자 내지 성인이 되어야 한다는 의미에서 신유학을 공부하는 일은 의미가 있고 복

25 김용남, 이고 성리학의 개창자, 159쪽
26 이은선, 사유하는 집사람의 논어읽기, 10쪽

성서가 신유학의 입문으로서 손색이 없는 논문이라고 생각합니다.

두 번째로 성인이 되는 비결은 에고가 없어질 때까지 닦는 데 있으며 에고를 없애기 위해서 생각을 끊는 것이 핵심이라는 것입니다. 생각을 끊는 방법으로서, 하나는 주역과 불경 등에서 가르치는 대로 과거에 대한 생각과 미래에 대한 생각 모두를 끊는 것과 또 하나는 마음을 쓰는 것(思)과 일을 꾸미는 것(慮)을 끊는 것, 두 측면을 모두 가리키는 불려불사(弗慮弗思)라는 말을 쓰고 있습니다.

생각 끊기는 이원성을 벗어나려는 힌두 영성과 불교 영성에 통합니다. 현상학으로 불교와 유교의 명상론을 비교한 정은해 님도 이원성 안에서 닦는 것을, 반성 의식으로 닦는 것이라 하여서 반성 의식을 벗어나 성인의 경지에 이를 때까지 닦아야 함을 말하고 있습니다. 그때라야 비로소 닦음이 완성된 경지라 할 수 있으며 '마음대로 해도 절도에 벗어남이 없다(從心所欲不踰矩)'고 하신 공자님의 경지를 이해할 수 있다고 봅니다.

복성서는 반성 의식을 벗어나야 한다는 점을 지적하기 위해서 에고로 에고를 닦는 것은 더 큰 에고에 빠지게 할 뿐(以情止情, 是乃大情)이라고 말하며 경계하고 있습니다. 거기에 대한 구체적인 대책, 즉 에고 소멸 방법에 대해서는 다음에 소개하는 마이스터 에크하르트나 데이비드 호킨스 박사의 가르침을 참고하는 것이 크게 도움이 된다고 생각합니다. 요컨대 존재의 근원이기도 한 우주 의식에게 인간의 의지를 비롯한 모든 것을 맡기는 일과, 부정적 감정으로 드러나는 에고를 철저히 이해하고 극복하는 일이 핵심입니다.

3. 마이스터 에크하르트(1260-1328)와 훈화

마이스터 에크하르트는 로마 교회가 그를 이단으로 판정하였을 뿐만 아니라, 이곳에서 다루려고 하는 '훈화'[27]에는 당대 기독교 분위기와 달리 금욕주의적 엄격성이 전혀 없으며 지옥이니 마귀니, 영벌에 대한 관념도 완전히 배제되어 있다고 합니다.[28] 요컨대 획일화가 필요한 제도 교회가 불편해하는 신비주의 영성입니다. 그러니 탈기독교를 지향하는 제 뜻과 잘 어울리는 면이 있습니다.

제가 볼 때 기존의 모든 기독교는 그 겉모습, 즉 교계제도와 사회적 지위, 건물 등을 지탱하는 데 진력하기 때문에 "하느님을 찾아가는 뚜렷한 방법"에 대해 무지합니다.[29] 하지만 마이스터 에크하르트는 마태복음 16:24의 말씀이야말로 신을 만나는 첩경이라고 봅니다. 훈화는 첫머리에서 "나라는 것에서 벗어나(aus seinem Ich) 자신의 것과 결별"할 때 신이 어쩔 수 없이 내 안으로 들어선다고 해서[30] 저는 그의 가르침이 이 책의 주제이기도 한 멸정복성에 딱 들어맞는다고 봅니다.

---

27 보통 '영적 강화' 또는 '영성 지도'로 소개되고 있으나 저는 펭귄판 제목 'The Talks of Instruction'에 맞추어 '훈화'로 썼습니다.
28 이부현 편역, 마이스터 에크하르트 선집, 339쪽
29 우술라 플레밍, 그에게는 아무것도 감추지 않았다, 31쪽 참조
30 이부현 편역, 마이스터 에크하르트 선집, 9쪽

게다가 훈화 둘째 장에서는 "모든 것을 이룰 수 있는 가장 힘 있는, 거의 전능에 가까운 기도와 무엇보다도 가장 가치 있는 행위는 텅 비어 있는 마음(ledigem Gemut, vacant mood)에서 나온다."고 합니다. 저는 지눌 스님의 '공적영지(空寂靈知)'가 떠올랐습니다. 스님은 '수심결'에서 "모든 법이 다 비어 고요한 곳[공적]에 신령한 앎[영지]이 있어 어둡지 않다. 그렇게 '텅 비어 고요하며 신령하게 아는 마음'이 바로 그대의 본래면목"이라고 하셨습니다.[31]

훈화 2장은 "텅 비어 있는 마음이란 바로 어떤 것에도 동요되지 않고 어떤 것에도 묶여 있지 않는 그러한 마음이다."라고 하여서[32] 복성서에서 소개한 "생각도 행함도 없고 고요해서 움직이지 않아 우주의 근원과 소통한다(無思也 無爲也 寂然不動 感而遂通天下)"고 하는 주역 계사전 말씀에 조응합니다.

훈화는 원래 제목이 없이 저작 경위만 설명돼 있는데 옮겨보면 "다음은 튀링겐 관구 관구장 대리이며 에어푸르트 수도원 원장이며 설교 수도회 수사인 에크하르트가 젊은 수사들과 나눈 대화이다. 젊은 수사들은 저녁 강화 때 나란히 앉아서 에크하르트에게 많은 것을 물어보았다."라고 되어 있습니다. 모두 23장으로 되어 있으며 1-8장까지 제1부, 9-17장까지 제2부, 18-23장까지 제3부로 나눌 수 있습니다.[33]

---

31 한자경, 법보신문, 2020.7.22.
32 이부현 편역, 마이스터 에크하르트 선집, 11쪽
33 같은 책, 338쪽

(1) 제1부(1장-8장)

훈화의 주제는 3장에 요약되어 있습니다. 즉 "나를 따르려고 하는 사람은 먼저 자신을 부정해야 한다(마태 16:24). 이것이 중요한 요점이다. 자신을 살펴 어디든 네가 있다면 거기서 떠나라. 이것이 최선의 방책이다." 그렇게 하는 이유는 우리 모든 노력과 열성을 신에게만 바칠 때 모든 행위가 선해질 것이기 때문이라고 합니다. 자신 안에 '나'라는 게 없고 신만을 가지고 있는 사람이야말로 선하고 올바르다는 것입니다.

언제 어디서든 모든 사물 안에서 신을 찾아내어 바라볼 수 있어야 하는데 그러기 위해서 신과 반대가 되는 '나'라는 것이 전혀 없어야 한다는 것입니다. 우리의 마음, 생각, 사랑 안에 항상 신이 현존하도록 하는 데 익숙해져야 한다고 합니다. 우리가 교회에 있든지 골방에 있든지, 군중 속에 있든지 정신없고 분주할 때도 그러해야 한다고 합니다. 이 대목에서 공자님이 아무리 황급하거나 어디에 걸려 넘어질 때도 인에서 벗어나지 말아야 한다고 하시는 말씀이 떠오릅니다.

그렇게 신을 소유하기 위해서는 그저 생각하는 것으로는 불가능하고 마치 갈증을 느끼는 사람이 무슨 일을 하든 갈증에서 벗어나지 못하는 것처럼 신을 느끼는 경지가 되어야 한다는 것입니다. 그러기 위해서는 '내적으로 홀로 있기'를 연습해야 한다고 합니다.[34]

---

34 같은 책, 20쪽

그것은 또한 자신의 모습을 바꾸는 것이라고 하여서 사랑이란 행이라기보다 존재 상태라고 하는 말씀이 생각납니다. 그래서 4장은 "사람들은 자신이 무엇을 해야 하는지에 대해 그리 많이 생각할 필요가 없다. 오히려 자신이 무엇인지(was sie wären)에 대해 생각해야 한다."고 합니다.

그러한 존재 상태에 도달하기 위해서 연습을 해야 한다고 하며 두 가지 사례를 들고 있습니다. 첫째는 글쓰기를 배우는 경우요, 둘째는 바이올린과 같은 악기를 연주하는 경우입니다. 수행과 관련해서 이러한 말씀은 본인이 실천하지 않고는 말할 수 없다고 생각합니다. 즉 그것이 처음에는 불가능한 일처럼 여겨진다는 것, 그리고 아주 많이 그리고 자주 연습해야 한다는 것, 익숙한 경지에 도달했을 때는 글 쓰는 이가 글자 하나하나를 생각하지 않고, 악기 연주자가 기술에 대한 의식이 없다 하더라도 완벽하게 해낸다는 것 등을 말하고 있습니다.

이 대목에서 바로 떠오르는 것은 '유교명상론'에서 말하는 반성 의식이 소멸한 성인의 경지입니다. 즉 군자가 깨달음에 이르러 성인과 같게 되는 것은 반성 의식을 활용하여 자신을 성찰하는 일(反求諸己)과, 인에 어긋나는 과오를 고쳐 완성으로 나아가는 일(改過遷善)이 숙달되어 어느 순간부터는 마음이 내키는 대로 하여도 거침이 없는(從心所欲不踰矩) 상태가 되는 것입니다.[35]

---

35 정은해, 유교명상론, 538쪽 "성인이라면 헤아려서 조정하는 것 없이도 상황에 잘 대처할 것이고 이렇게 대처하는 성인의 마음이 심정(心正)일 것이다."

6장에서는 그렇게 숙달된 경지를 묘사하기를 "신의 현존감에 젖고 자애로운 신의 모습이 각인됨으로써 신 안에 자리를 잡고 있어서 노력하지 않아도 신의 현존을 인식하며 더 나아가 모든 것에서 해방되어 그 어떤 것에도 구애받지 않아야 한다. 처음에는 어떤 예술가도 그러하듯 많은 집중과 연습이 필요할 것이다."라고 합니다. 저는 동아시아 영성의 윤집궐중(允執厥中)을 어떻게 연습하고 실천해야 하는지 이보다 더 잘 말해줄 수 없다고 생각합니다.

7장에서는 앞에서 논의한 대로 연습과 훈련을 통해서 신의 현존을 습득한 사람이라도 '깨어서 주인을 기다리는 사람처럼(루가 12:36)' 세상 모든 일에서 이성과 감각 능력을 최대한 발휘하여 더 향상하도록 노력해야 한다고 합니다. 신의 현존 습득이란 다른 말로 "마음이 신으로 가득 차 있는" 경지인데 그것을 기화로 세상일에서 손을 떼는 일은 가능하지도 않으며, 우리는 쉽사리 유혹과 타락에 빠지기 때문에 미리 단단히 마음속에 신을 모시고 모든 능력을 신과 하나 되게 해야 한다고 합니다. 이러한 말씀은 마치 소승에 빠질 위험과 대승 실천의 어려움을 말하는 듯합니다.

마지막으로 8장에서는 일정 수준 의식이 상승해서 일을 제대로 하고 내면에서 자주 희열을 느끼는 경지에 도달했다고 해서 자신만만해지거나 자기를 내세울 위험을 경계하고 있습니다. 백성욱 선생이 치심(癡心)이란 스스로 "공부가 잘되네" 하는 마음이라고 하여 경계하신 법어가 생각납니다. 그러면서도 결론 삼아 '이성과 의지를 활용하여 최상의 것을 포착하고 모든 해악을 경계하면서 끊임없이 최고 수준으로 향상할 것'을 주문하고 있어서 '대학'의 지어지선(止於至善)과 같은 취지의 가르침이라 생각합니다.

(2) 제2부(9장-17장)

2부의 주제는 죄이지만 13세기 기독교의 금욕주의적 엄격성을 벗어나 있다고 합니다.[36] 9장은 죄의 경향이 문제가 아니라 죄를 짓고자 하는 의지가 문제이며 "부덕에 의해 충동질 당하고 부덕에 의해 동요를 느끼는 것이 바로 노력하는 자에게 덕과 상급을 가져다 줄 것"이라고 하여서 올바른 의지를 가지는 일이 중요하다는 것을 더욱 강조하고 있습니다. 그리고 올바른 의지란 아집이 없는 상태(ohne jede Ich-Bindung)라고 하여서 다시 자기를 비우는 것이 수행의 요점임을 강조하고 있습니다.

자기를 비우는 데 있어서도 무언가 크고 좋은 것, 즉 지혜와 선 같은 것을 바라는 것도 아집이라 하여서 전혀 의지가 없는 완전한 포기를 말합니다. 자신의 의지가 없이 완전히 포기한 상태란 신으로 자신을 둘러싸는 것이 되어서 고통이든 무엇이든 우리에게 닥치는 것은 신을 거쳐야 하기 때문에 우리 것이 아니라 신의 것이 된다는 것입니다. 에크하르트의 고통론도 결국 모두 여기에서 나오는 것입니다. 즉 그는 '신적 위로의 책'에서 고통에 대해 깊이 다루지만 신

---

36 이부현, 연대별로 읽는 마이스터 에크하르트 선집, 339쪽

은 우리에게 가장 유익한 것이 아니면 일어나도록 놓아두지 않기 때문에 고통이든 무엇이든 그것이 다가올 때 마치 그것을 기다렸다는 듯이 받아들이라고 합니다.

그러니 같은 맥락에서 우리가 죄를 짓는 것도 그것을 통해 보다 크고 보다 참된 겸손과 경건으로 인도되며 새로 뉘우치면 사랑 또한 더 커질 것이고 새로워질 것이라고 합니다. 2부에서 일관하는 것은 완전한 참회란 외적인 데 있지 않고 "자신이나 모든 피조물에서 신적이지 않은 모든 것에서 전적으로 돌아서는 데" 있다고 합니다. 이 점은 독일어 설교 '버리고 떠나 있음'의 핵심 주제이기도 하여 "의로운 사람은 어떠한 뜻도 아예 갖지 말아야 한다."[37]고 합니다.

2부 마지막에서는 신과 합일에 이르는 길이란 각자 놓여진 자리에서 가장 가깝게 찾아질 수 있으며 외적으로 대단한 무엇에 달려 있는 게 아니라는 점을 강조하고 있습니다. 즉 "위대한 업적이나 대단한 수고나 궁핍 등을 거쳐야 신에 도달한다는 생각을 갖지 않게 된다면 그대는 전적으로 평화로움을 맛보게 될 것이다."[38]라고 합니다. 오히려 자신이 하고 싶은 일, 가장 잘 할 수 있는 일을 하되 지향과 뜻을 그리스도를 따르는 데 두는 일이 중요하다는 것입니다.

이 점은 수신제가 가운데 '제가치국평천하'란, 중용이 강조하는 고요히 있을 때 감정과 생각이 나기 전의 상태(中)를 잘 간직하는

---

37 같은 책, 215쪽
38 같은 책, 45쪽

'수신'에서 나와야 한다는 생각과 일치합니다. 결국 밖에 드러나는 모습은 일부러 또는 거짓으로 꾸밀 수도 있지만, 진정으로 하늘의 뜻을 실현하는 길은 언제나 하늘의 뜻이기도 한 미발(未發)의 중을 잘 지켰다가 주변에서 이런저런 요구가 있을 때 그 뜻을 그대로 드러내 보여주는 데 있다고 보는 것입니다.

(3) 제3부(18장-23장)

마이스터 에크하르트는 중세 로마 교회 신자였으나 기독교가 그를 배척할 만큼 그의 신개념은 통속적인 신 개념과 달랐습니다. 에크하르트에도 정통하고 유대인으로서 성서의 신개념을 철저히 분석한 에리히 프롬은 '너희도 신처럼 되리라 – 구약과 그 전승에 관한 근본 통찰'에서 모세가 받은 신의 이름 '야훼'에 대하여 다음과 같이 쓰고 있습니다.

『신이란 그 존재가 사물처럼 종결된 것이 아니라 생명 과정, 즉 '되어감(becoming)'이다. 즉 최종 형태에 도달한 것만이 이름을 가진다. 모세에 대한 신의 답을 폭넓게 해석하면 "내 이름은 '이름 없음(無名)'이다. 그들에게 '무명'이 너를 보냈다고 하여라"가 된다. 우상만이 이름을 가지는 이유는 그것들은 사물이기 때문이다.』[39]

마이스터 에크하르트가 말하는 신을 이렇게 읽으면 도(道)라고

---

39 You Shall Be As Gods – A Radical Interpretation of the Old Testament and Its Tradition, Open Road Media, 1991

이름할 수 있는 것은 도가 아니라고[40] 하는 동아시아의 도와 같은 것으로 읽을 수 있습니다. 그렇게 하면 그의 가르침이 바로 동아시아의 수행법과 연결됩니다. 더구나 에고가 나오기 전의 참나와 같은 미발(未發)의 중(中)이 바로 도라고 볼 수 있습니다.

이러한 전제에서 훈화 3부를 읽으니 제게는 중용의 실천 방법에 대한 보완책으로 매우 훌륭했습니다. 3부는 18장의 다음 구절로 시작합니다.

"음식이나 옷이 그대에게 너무 좋게 생각될 정도까지 음식과 옷 등에 마음을 빼앗길 필요가 없다. 오히려 그대는 그것들보다 아득히 높이 있는 그대의 가장 내적인 근거와 그대의 심성에 다가가는 데 익숙해져야 한다. 그대의 심성이 신 이외의 것에 대한 즐거움이나 탐닉에 기울어지지 않도록 해야 한다. 곧 그대의 심성이 모든 것을 아득히 넘어서 있도록 해야 한다."

위 구절에서 "그대의 가장 내적인 근거와 그대의 심성"을 중용의 중으로 읽자는 것입니다. 그렇게 읽으면 훈화 제3부는 윤집궐중의 방법에 대한 해설로 읽을 수 있습니다. 즉 21장이 말하는 "일을 할 때 내적으로 어디에도 매여 있지 않기"[41]를 수기중(守其中) 또는 미발함양(未發涵養)과 같은 말로 봐도 좋을 것입니다. 그렇게 읽으면 같은 페이지의 "신이 계속 자신에게 현재(現在)하도록 하고 신이

---

40 노자 도덕경 1장, "道可道非常道"
41 이부현, 연대별로 읽는 마이스터 에크하르트 선집, 60쪽

끊임없이 전적으로 감추어지지 않은 채 모든 시간과 여건에서 자신을 비추도록 하는 일"은, 하는 일마다 중(中)에 딱딱 맞는다는 화(和)와 다름없습니다.

21장은 이러한 중과 화의 실천에 대단한 열성과 끈질긴 노력이 필요하며 그렇게 하는 이유는 바깥의 상(相)으로 인해서 내면이 분산되거나 흐트러지지 않도록 해야 하기 때문이라고 합니다. 그래야만 우리 이성이 올바르게 되고 내면에 항상 신적인 것이 깃들게 된다고 합니다. 에크하르트는 우리에게 이성이란 고유한 것도 아니고 언제나 현존하는 것도 아니라고 해서 우리가 피조물로 향하는 순간 그것은 제 기능을 하지 못한다고 합니다. 여기에서 에크하르트 실천의 가장 중요한 한 가지가 나오는데 그것은 바로 '모든 피조물에서 벗어나는 일(abgeschiedenheit)'입니다.

즉 "우리가 비로소 모든 것 자체에서 벗어나 풀려나게 되면 우리는 곧장 사려 깊게 자신의 일을 이루어낼 수 있을 것이며 그 일에 불평 없이 헌신할 수 있거나 또는 아무런 방해도 없이 그 일을 해치울 수 있을 것"[42]이라고 합니다. 이 말씀은 "희로애락이 발하여 모두 신성에 일치하는 것을 화라하고 화란 신성에 통하는 것이다(發而皆中節 謂之和, 和也者 天下之達道也)"는 말씀과 같다고 읽어도 지나치지 않습니다.

---

42 같은 책, 62쪽

훈화에서 우리가 놓치지 말아야 할 것은 이러한 중화의 경지를 얻기 위해서는 "확고하고도 올바르게 갈고 닦아야 하며" 어떠한 경우에도 "이성이 피조물을 향하지 않도록" 해야 한다는 것입니다. 폭력이나 불의한 상황같이 극단적인 상황이었다 하더라도 이성이 일단 한 번 길을 잘못 들어 피조물에 자리 잡게 되면 그것을 회복하기 위해 엄청난 노력이 들기 때문에 항상 주의를 기울여야 한다고 합니다. 그래서 동서의 학인들은 매일 마음을 놓지 않고 정좌와 독서를 통해 수행하였으며 저와 같이 이미 여러 번 길을 잘못 든 사람의 경우는 호킨스 박사 항목에서 다루는 것처럼 끝없이 '놓아버리기(Letting Go)'를 실천해야 할 것입니다.

훈화는 그렇게 회복을 위해 모든 노력을 다 바친다고 하더라도 여전히 지속적인 주의가 필요하다고 합니다. 계속해서 강조되는 것은 '버리고 떠나 있음'이란, 모든 것에서 신을 찾고 파악하는 데 완전히 익숙해져서 신과 결합하고자 하는 것이고 그럴 때 비로소 우리가 하는 일은 모두 세상에 신을 드러내는 일이 되어 무사공평(無私公平)한 것이 될 것이라고 보는 점은 대학 및 중용의 관점과 같다고 생각합니다.

3부에서는 1부에서 '내적으로 홀로 있기'를 몸에 배게 하려면 글쓰기와 악기 연주를 예로 든 것처럼 '버리고 떠나 있기'를 위해서도 숙련될 때까지 노력해야 할 것을 말합니다. 버리고 떠나 있음에서 가장 큰 장애물은 자기를 고집하는 것, 즉 아집(我執)이며 아집은 모든 갈등과 불안의 원인이기 때문에 그 어떤 것도 자기 것으로 하지 말라고 합니다. 오직 신 이외에는 아무것도 우리 의지에 들어오지 않을 정도로 철저히 자신을 벗어나라고 합니다. 그 일은 자기 자신, 소유, 가질 수 있는 것 등 모든 것을 포기할 뿐 아니라 자주 자신을 새롭게 하여 모든 것에서 자유롭게 되도록 하는 일입니다.[43]

저는 컴퓨터를 수시로 초기화하는 것이 상상됩니다. 그렇게 노력하여 "의지의 특별한 준비 없이도" 덕을 행할 수 있어야 완전히 덕을 실천하는 것이라고 하여서 역시 1부에서 다룬 반성 의식이 소멸된 상태, 달리 말하면 갓난아이와 같은 상태가 되어야 한다는 것으로 이해됩니다. 아울러서 참된 버리고 떠나 있음이란 신적 위로와 도움이 사라져 전혀 느끼지 못할 때도 신의 현존을 느낄 때와 똑같이 행동하게 될 때를 말한다고 합니다.[44]

4. 데이비드 호킨스 박사(1927-2012)와 놓아버리기

성공회 신자였던 호킨스 박사는 무신론과 불교 등을 섭렵하고 다양한 수행을 하였으며 그 과정과 성과를 자신의 책마다 붙여 보고하고 있습니다. 그는 정신과 의사로서 프로이트와 칼 융을 발전적으로 계승하는, 세계적으로 유능한 임상의였습니다. 과학과 영성을 잇는 십여 권의 저술 끝에 깨달음으로 가는 가장 간명하고도 손쉬

---

43 같은 책, 64쪽
44 같은 책, 65쪽

운 기법을 책으로 엮어 '놓아버리기; 순명의 길(Letting go; The Pathway of Surrender)'을 내놓았습니다.

이 책은 깨달음을 위한 책입니다. 저자는 책머리에서 "깨달음으로 가는 길에서 참나(Higher Self)에 장애가 되는 것을 제거하는 데 책을 바친다."고 합니다. 책은 기본적으로 부정적인 감정이 우리 고통의 원인이므로 부정적인 감정을 내려놓으면 행복, 만족, 평화 및 기쁨을 체험하게 되며 나아가 의식이 확장되어 내면의 참나를 체험하게 된다고 합니다.

또한 책 전체에서 소아(small self)와 참나(Higher Self)를 구분하고 있어서 기본적으로 대승기신론의 이분법을 취하고 있습니다. 우리가 접하는 외부 세계는 기본적으로 에고의 부정적인 측면, 즉 걱정, 우려, 부정, 비판 등을 바탕 프로그램으로 하여 운영되고 있으며 우리는 그것을 알게 모르게 즐깁니다. 그러한 부정적 감정에는 수천 가지 생각이 축적되어 있으며 그러한 감정과 생각을 다룰 줄 몰라서 스트레스와 질병, 인간관계의 파탄 등 끝없는 고통을 겪게 됩니다.

심리학에 따르면 우리는 그러한 고통을 면하기 위해 무의식적으로 억압과 도피의 행동을 계속함으로써 스트레스를 겪게 되며 그것을 해소하지 못할 때 심신 이상, 중독 등에 빠지는 것입니다. 그러니 그에 대한 처방은 억압된 감정인 분노, 두려움, 죄책 등 부정적 감정을 체계적으로, 그리고 지속적으로 없애는 데 있다고 보는 것입니다. 이 점은 소아, 즉 심생멸상으로 인한 무명을 없앨 때 본래의 모습인 참나, 즉 심진여상으로 돌아간다는 대승기신론의 가르침과 같다고 봅니다.

놓아버리기 기법의 요점은 (1) 부정적인 감정에 대해 저항, 폭발, 비난, 두려움, 도덕적 판단 등을 버리고 그 감정에 집중합니다. (2) 가장 격렬한 감정의 물결에 자신을 내맡깁니다. (3) 초월적 도움을 구하며 자신의 의지를 맡겨드립니다. (4) 그 모든 과정을 받아들이고 겪어냅니다. 내려놓기를 할 때는 모든 생각을 무시하고 감정에만 집중합니다.

모든 부정적인 감정은 생존과 관련된 두려움에서 나오는 것이며 모든 감정은 마음에서 필요하다고 믿는 생존 프로그램일 뿐입니다. 부정적인 감정을 낮은 단계부터 나열해 보면 수치심, 죄책, 무기력, 슬픔, 두려움, 욕망, 분노, 교만 등입니다. 호킨스 패러다임에서 이들 감정은 정직과 용기 수준인 200 미만의 감정들이며 이것들을 모두 없애버리면 자연히 200 이상의 의식 수준에 들어가 완전한 내적 자유를 누릴 때까지 진화 향상하는 것입니다.

그런데 재미있는 것은 이러한 방법론이 복성서의 멸정(滅情), 즉 감정 없애기와 같으며 불교의 삼독(三毒) 없애기와도 같다는 것입니다. 즉 이고 선생은 에고의 발현이 희로애구애오욕(喜怒哀懼愛

惡欲)으로 드러난다고 하였는데 그 가운데 긍정적 감정인 희(喜)와 애(愛)를 빼면 없애야 할 부정적 감정은 분노, 슬픔, 두려움, 증오, 욕망이고 불가의 삼독은 의식 지수 200 바로 밑에 자리하는 욕망(貪), 분노(瞋), 교만(痴)이어서 그 지향하는 바가 정확히 일치합니다.

책은 기법의 설명과 감정의 해부(1-3장), 부정적 감정(4-9장), 긍정적 감정(10-13장) 및 그 효과(14-21장)로 구성되어 있습니다. 이하에서 그 핵심이 되는 요점을 훑어보는 식으로 소개합니다.[45]

(1) 1장-3장(기법의 설명과 감정의 해부)

모든 부정적 감정은 진화과정에서 생존을 위해 가지게 된 두려움에서 나오며 마음이 필요하다고 믿는 생존 프로그램일 뿐입니다. 우리가 거기에 저항하지 않고 들여다볼 때 그 배후의 에너지가 사라집니다. 놓아버린다는 것은 그 어떤 것에 대해서도 강한 감정을 가지지 않는 것이며 그것이 있어도 좋고 없어도 좋다는 마음 상태입니다. 우리 외부의 일이나 사람에 대한 집착이 사라진 상태입니다. 특히 부정적 감정을 놓아버리는 일은 에고를 해체함으로써 깨달음에 도달하는 길입니다.

호킨스 박사는 감정 놓아버리기가 근본적으로 붓다와 그리스도 가르침의 노선에 따른 것이라고 합니다. 즉 "지속적인 내려놓기를

---

45 David R. Hawkins, Letting Go, The Pathway of Surrender, Hay House, Inc., 2012에 서 발췌 번역하면서 해설을 붙이는 식으로 썼습니다

함으로써 걸림이 없는 상태에 머물 수 있다. 감정은 오고 가며 드디어는 당신 감정이 당신 자신이 아니며 진짜 당신은 그것을 바라보는 자라는 것을 알게 된다, 이제 감정과 자신을 동일시하지 않게 된다. 일어나는 일을 관찰하고 알아채는 그 당신은 언제나 같은 상태다.

당신 안에서 변함없이 목격하는 자를 점점 잘 알아챔에 따라서 당신은 그에 해당하는 의식 수준과 동일시되기 시작한다. 당신은 현상을 체험하는 자가 아니라 점차 목격하는 자가 되어간다. 당신은 참나에 점점 더 가까워지며 이제까지 감정에 속아 왔다는 것을 알기 시작한다. 과거에 당신은 감정의 희생자라고 생각했지만 이제 그렇지 않다는 것을 안다. 감정이란 에고가 만든 것일 뿐인데 바로 그 에고란 놈이 생존에 필요하다고 잘못 믿어온 프로그램을 수집했던 것이다."

우리가 보통 마음이라고 말하는 것은 생존을 위한 도구이며 그것은 주로 감정을 사용함으로써 작동합니다. 한편 생각이란 감정에서 나오는 것이며, 이성이란 마음이 감정적 목적을 달성하기 위해 사용하는 도구로서 주로 감정을 정당화 내지 합리화하는 일을 할 뿐입니다. 학자들 연구에 따르면 감정의 색조 또는 기분이 생각과 기억을 조직하며 생각은 생각과 관련된 감정의 다양한 명암에 따라 기억 창고에 저장되어 있다고 합니다.

위 복성서 항목에서 다룬 바처럼 명상의 목표는 생각을 정지시킴

으로써 참나 상태로 존재하려는 것인데 놓아버리기를 이용하면 감
정에 딸린 생각을 더 많이 더 효과적으로 제거할 수 있다고 보는 것
입니다. 보통 한 가지 감정에는 수천 또는 수만 가지 생각이 관련되
기 때문에 강렬한 감정 하나를 찾아 제거한다면 마음은 훨씬 가벼
워질 수밖에 없다고 합니다.

(2) 4장-9장(부정적 감정)

여기서 다루는 부정적 감정은 무기력, 절망, 슬픔, 두려움, 욕망,
분노, 교만 등인데 이들 부정적 감정은 우리 존재의 작은 측면(즉
소아 또는 심생멸상)에서 나오는 것입니다. 결국 부정적 감정을 극
복할 때 우리의 신적 실체(즉 참나 또는 심진여상)가 드러나서 내면
에 이미 존재하는 위대성을 체험하기 시작한다는 것을 반복하여 강
조하고 있습니다.

그 가운데 몸은 가장 큰 집착의 근원이어서 결국 포기해야 할 것
이라고 합니다. 우리가 몸을 가지고 사는 동안 모든 관계와 소유는
무상한 것임에도 그 사실을 모르거나 받아들이지 않을 때 분노와
같은 부정적 감정이 생긴다고 합니다. 이 점은 무지와 아집이 고통
의 근원이라고 보는 불가의 가르침과 같습니다.

우리가 바라는 것을 성취하는 비결도 무언가에 대한 욕망과 노
력에 있는 게 아니라 그 욕망을 내려놓고 결과에 집착이 없는 상태

에서 바라는 바를 복되고 아름답게 그림으로써 마치 작품을 창작하듯 창조해내는 것이라고 합니다. 또한 무언가를 소유함으로써 매력적이고 행복한 사람이 되려는 것은 우회하는 길인 반면에 그 무엇에도 사로잡히지 않고 그저 타고난 품성으로서 우리 안에 있는 신성을 드러내는 것이 바로 매력적이고 행복한 사람이 되는 비결이라고 합니다.

달리 말하면 필요로 하는 것, 참으로 되고 싶은 것 등에 대해서는 이미 높아진 의식으로 분명하게 그려보고 선택함으로써 창조하는 것이라고 합니다. 우리가 성취한 모든 것은 과거에 의식으로든 무의식으로든 선택하고 결단한 결과이지 조바심을 내고 욕망을 키워서 이루는 것이 아니라는 가르침이 인상 깊습니다.

세상 프로그램에 의해 습득되고 체화된 소아 의식은 무언가 부족하고, 죄스럽고, 비난과 경멸을 받을 만한 것이라는 데 머무르기 때문에 우리는 알게 모르게 거기에 동조하여 자신을 비난하고 경멸합니다. 이것이 죄의식의 정체입니다. 하지만 그것은 부모나 선생님이 길에서 노는 어린이에게 소리치고 혼낸 것처럼 우리의 생존에 필요해서 프로그램된 것일 뿐입니다.

다음에 다루어야 할 중요한 감정은 분노인데 분노는 무기력이나 절망감보다 에너지가 크기 때문에 그와 같은 낮은 의식에 있는 사람이 있다면 재빨리 분노 거리를 찾아 살펴보는 게 필요하다고 합니다. 그러고 나서 분노의 감정을 대면하고 또 놓아버림으로써 다음 단계인 자부심 또는 교만의 단계로 올라가고 또 같은 과정을 거쳐 용기의 단계로 가면 그때부터는 긍정적 감정의 노선을 따라 의식이 계속 상승하는 것입니다.

분노의 감정을 확인하고 인정하지 않으면 그것은 억눌려진 에너지와 같아서 질병과 기타 불행의 원인이 되기 때문에 그것을 긍정적으로 활용하여 삶을 개선하려는 노력을 하는 것입니다. 그러다 보면 분노에 딸린 두려움, 자부심 등을 확인하게 되고 인정받지 못하는 것에 대한 억눌린 심정이라든지 자기연민이라든지 또는 그와 관련된 감정들을 만나게 되는데 그 모든 것을 알아차리고 포용하는 것이 부정적 감정을 놓아버리는 과정이 됩니다.

분노를 다룰 때는 인간관계에서 오는 신호들에 민감해야 하는데 남들이 나를 대하는 모든 방식은 바로 내 거울이라는 것을 환기하라고 합니다. 즉 누군가가 내게 불쾌한 대응을 할 때 그것이 나로 하여금 무엇을 깨달으라는 신호인가라는 관점에서 자신의 문젯거리를 찾아 인정하고 수용하는 방식으로 분노에 얽힌 부정적인 것들을 놓아버리는 것입니다. 그러니 일상생활에서 만나는 모든 이는 나에게 주어지는 기회이자 선물인 것입니다

매일 만나는 사람과 거기서 느껴지는 감정, 내 의식에 들어오는 타인에 대한 내 마음 등이 모두 명상 거리가 됩니다. 즉 나를 불편

하게 했거나 나에게 느닷없이 전화했거나 한 모든 사람의 가치를 인정하고 좋은 감정을 보내면 그 영향이 즉각적이라는 것을 알게 된다고 합니다. 어쨌든 우리가 내면에 잠재하는 분노를 모두 찾아 놓아버리지 않으면 언제든 반드시 불편한 사람을 계속 만나게 됩니다. 그러니 매일 만나는 모든 사람에게서 자신의 모습을 보는 노력을 해야 하겠습니다. 그것은 우리가 보다 의식을 높여감으로써 그에 따르는 효과, 즉 평안, 감사, 성장, 서로 돌봄, 건강과 활력, 내면의 자유 등을 얻기 위함입니다.

다음에 다루어야 할 부정적 감정은 자부심으로, 좀 더 부정적 표현으로는 교만을 들 수 있는데 기본적으로 사랑이 결여된 점이 특징입니다. 교만은 근본적으로 나는 옳고 남은 그르다, 내가 남보다 낫다는 생각을 기초로 합니다. 특히 지적 자부심은 무지로 이어지고 영적 자부심은 의식 상승과 성숙에 주된 장애물입니다. 공격에 대해 방어하고 변명하거나 끝없는 정당화가 필요한 것은 모두 교만 때문이라고 볼 수 있습니다. 이러한 자부심을 버릴 때 비로소 참된 자존감이 생깁니다.

하지만 자부심을 놓아버릴 때 그것을 죄악시해서는 실패하며 그 실체를 정확히 살펴보는 게 비결이라 합니다. 즉 우리가 왜소하다고 느낄수록 그것을 메꾸기 위해서 교만을 부린다는 것입니다. 그러니 교만을 부리는 이유, 거기서 얻는 이득 등을 자문하면서 참된 겸손을 터득하는 노력을 해야 할 것입니다. 참으로 겸손한 사람은 다른 사람의 비판적 언사에 대해서는 충격을 받는 게 아니라 그 사람의 문제점이 드러난 것으로 본다는 것입니다.

자부심의 결과는 소유욕과 집착이며 집착은 고통의 잠재적 원인이 됩니다. 왜냐하면 집착에서 손실의 두려움이 생기고 손실을 당하면 무력감, 절망, 슬픔에 빠지기 때문입니다. 자부심에 대한 처방으로는 감사하는 마음이 좋습니다. 날 때부터 높은 지능이라든지 기타 좋은 것을 물려받은 일에 감사하고 우리가 성취한 것은 그렇게 물려받은 것들 덕분이라는 것을 감사할 줄 알면 고통을 예방할 수 있고 평안한 마음을 유지할 수 있습니다.

마지막으로 교만에 대해 돌아볼 때, '나', '내 것'이란 말을 많이 쓰는지, 어떤 의견에 집착해서 공격을 자주 받는지 등을 살펴보면 좋다고 합니다. 아무튼 교만이 주는 거짓 안정을 포기하고 진정한 겸손과 항상 감사하는 태도를 습득함으로써 용기와 자기 수용, 기쁨의 길을 따라 꾸준히 의식을 향상시키는 일이 멸정복성의 노선입니다.

(3) 10장-13장(긍정적 감정)

부정적 감정을 대폭 내려놓아 긍정적 감정의 시작인 용기의 단계에 이르면 본격적으로 의식이 상승하게 된다고 봅니다. 용기의 단계에서는 기본적으로 두려움에 굴복당하지 않고 그것을 직면하여 분석하며, 그 존재를 인정하고 어떻게 삶에 방해가 됐는지 파악해서 놓아버리기를 할 수 있습니다. 그에 따라 참된 자존감이 생기고 인간관계에서 역지사지가 가능해지며 실천력이 향상됩니다. 따라서 매사 성취도가 높아지며 영적 인식이 가능해집니다. 다만 주의할 것은 비로소 긍정적인 감정이 우세해졌으니 놓아버리기를 중단하려는 유혹입니다.

이어서 낙관 및 긍정의 단계(acceptance)에 들어서면 이제 내면의 신성인 참나에서 나오는 사랑을 구현하게 됩니다. 그동안에는 부정적 감정, 부정적 프로그램 및 생각의 복합체인 에고의 힘이 컸으나 이제 그 힘은 거의 사라지고 신 의식의 힘이 압도하는 것입니다. 따라서 이웃을 내 몸 같이 사랑하는 게 가능해지고 의식적 노력 없이 높은 목표를 바라보게 됩니다. 다른 사람에게 의존하기는커녕 바라는 게 없게 됩니다. 부정적 감정이 완전히 사라지는 것은 아니지만 그 발현이 뜸해지고 쉽게 통제하게 됩니다. 소유와 행동보다는 '되어감'의 과정을 점점 더 중시하게 됩니다. 대부분의 인생 문제에서 해방되며 성취감과 행복감이 지배하게 됩니다.

그럼에도 꾸준히 놓아버리기를 실천하면 사랑의 단계에 도달하는데 이 상태는 생각과 감정을 초월한 존재 상태입니다. 용기의 단계에서부터 이미 힘을 발휘하기 시작한 내면의 참 본성에서 저절로 강해진 에너지가 나오는 상태입니다. 이 단계에서 용서는 자동적인 한 측면이 되며 매사 은총의 관점에서 보게 됩니다. 삶과 그 안에서 일어나는 모든 일에 대해, 마치 기적을 만나는 듯 기뻐하고 감사하게 됩니다.

사고 과정은 점차 자연스러운 직관적 앎의 과정으로 대체되는데, 그것은 모든 것이 연결되어 하나처럼 느껴지는 의식의 근원에 가까워졌기 때문입니다. 이제 말없이도 남의 생각과 느낌을 알게 되며 소아(小我)가 사라져버렸기에 부정적 감정은 더 이상 느껴지지 않습니다. 손실을 보더라도 전에는 슬픔으로 이어졌지만 이제 일시적 실망이나 후회에 그칩니다.

사랑의 상태에서도 여전히 놓아버리기를 통해서 나아가면 비로소 참으로 깨달았다고 말할 수 있는 무조건적 사랑의 상태로 들어간다고 합니다. 사랑의 단계에 도달한 사람의 10% 정도가 성취한 무조건적 사랑의 상태에서는 몸을 포함한 소아를 주체로 보는 일은 그치고 이제 모든 일이 동시성에 의해서 저절로 일어난다고 합니다. 극히 혐오스러운 사람이나 범죄자에 대해서도 자비와 연민이 생긴다고 합니다. 과거와 미래의 구분, 자타의 구분이 없어지며 강압에 의한 행동이 없어져 이제는 놓아버리기가 자동적으로 이뤄진다고 합니다. 내면의 고요와 환희가 잦아지고 깊어진다고 합니다.

무조건적 사랑에서 더 나아가면 평화의 상태로 들어갑니다. 이 상태는 몸과의 동일시가 완전히 사라지며 세상의 위협과 공포도 사라져 고통이 불가능해진다고 합니다. 모든 것이 저절로 성취되기 때문에 무욕 상태가 됩니다. 생각은 즉시 현실이 된다고 합니다. 호킨스 박사는 약 3년 반 동안의 놓아버리기를 통해서 이 상태에 도달한 결과를 보고하고 있는데 일부를 발췌하고자 합니다.

"내적으로 고요하고 평화로운 느낌이 상상할 수 없이 강렬했다. 보통 느꼈던 시간과 공간이 무의미했고 모든 것이 연결됐다. 몸에 대한 일체감이 없어졌고 몸에 대해 관심도 없어졌다. 모든 것이 내적으로 강하게 연결되어 있었고 고급 이론 물리학이 말하는 대로 홀로그램 우주였다. 모든 것이 완전했고 바라는 게 전혀 없었으며 창조할 것도 되어야 할 것도 없었다. 몸은 그 어떤 것도 의식하지 않았고 마치 카르마에 의해 움직이는 자동인형 같았다." 그러면서 박사는 결론짓기를 깨달음에 이르는 데는 좌뇌의 길인 고급물리학의 길이 있고 우뇌의 길인 신비가의 길이 있지만 놓아버리기는 제3의 길이라고 합니다.

(4) 14장-21장(놓아버리기의 효과)

사실상 놓아버리기 기법에 대한 설명은 위 내용으로 충분하지만, 저자는 그 효과에 대해서 다시 세세히 설명하고 있습니다. 즉 질병의 치유에 대해서 14-15장과 20장에서 다루고 인간관계와 직업적 성취에 대해서 18-19장에서 다룹니다. 근본적으로는 우리 존재 상태가 개선되고 향상하여 깨달음과 진정한 해방을 얻는다는 것입니다. 마지막 21장에서는 다시 질의, 응답의 형식으로 미진한 답변을 싣고 있습니다.

자꾸 반복되지만 억눌린 감정이 우리의 믿음과 자신 및 외부의 모든 것에 대한 인식을 결정하고 또 그 결과로서 사건을 창조한다고 합니다. 이것이 붓다께서 우리가 환영 속에 살고 있다고 하신 말의 의미이며 결국 우리는 우리의 생각, 느낌, 믿음을 타인과 사건들을 통해 체험하며 사는 것이라고 합니다. 억눌린 감정 가운데 가장 큰 것이 두려움, 분노, 이익에 대한 욕망 등인데 그것은 우리가 타고난 생존 프로그램에 장착된 것이기도 합니다.

일부 과학자들이 전제하듯이 뇌의 작용에서 마음 또는 의식이 나오는 것은 아니며 우리 마음이 뇌 활동과 뇌세포에 영향을 미치는 것입니다. 뇌는 그저 하나의 수신기와도 같습니다. 우리가 수신한 생각과 감정이 우리 몸의 상태와 삶의 모습을 결정짓는다고 보는 게 맞습니다. 그러니 우리 내면에서 병이 될 만한 어떤 생각이 있는지 철저히 찾아서 제거하는 게 필요합니다. 그런데 병이 될 만한 부정적인 생각은 모두 부정적인 감정에 따라오는 것이기 때문에 우리는 부정적인 감정에 집중하는 것입니다. 그렇게 해서 문제에 부딪혔을 때는 문제 뒤에 있는 감정을 찾아 놓아버리면 해답이 저절로 떠오른다고 합니다.

놓아버리기가 심리치료나 정신분석과 갈리는 지점은 이러한 요법은 세상에서 에고가 잘 작동하도록 하려는 것이기 때문에 근본 치료가 되지 않는다는 데 있습니다. 놓아버리기는 근본적으로 에고 소멸이나 초월을 목표로 합니다. 에고를 놓아버릴 때 내면에 있는 참나가 드러나기 때문에 그 효과는 훨씬 강력하여 비유컨대 심리치료가 말이나 당나귀라면 놓아버리기는 우주선이라는 표현을 하고 있습니다. 놓아버리기를 이용해서 하나의 감정을 놓아버리면 다른 많은 부정적인 감정과 그 에너지를 제거할 수 있어서 효율 면에서도 비교할 수 없습니다.

또한 놓아버리기의 목표는 에고가 고통의 근원이라고 보아 에고를 제거함으로써 고통에서 벗어나고 궁극의 자유를 얻으려는 데 있습니다. 놓아버리기 과정을 철저히 거침으로써 모든 것을 완전히 놓아버려서 아무런 집착이 없을 때 우리는 몸을 의식하지 않게 되고 '나'라고 하는 좁은 시야를 벗어나게 된다고 합니다. 전에는 무의식중에 '몸이 나다'라는 관점을 가졌다면 이제 '나는 몸을 가지고 있으며 몸을 체험한다'는 것이 됩니다.

부정적 감정을 지속해서 놓아버리는 것은 그와 관련된 죄책도 내버리는 것이 됩니다. 유아기부터 부모 기타 외부로부터 입력되어 무의식적으로 가지고 있는 죄책은 그에 대한 벌로서 질병과 사고를 불러들인다는 것이 많은 스승의 말씀입니다. 즉 대부분 질병과 사고는 스스로 취하는 자기 징벌이라는 것입니다. 그러니 죄책을 놓아버림으로써 질병이 사라지게 됩니다.

다음에 우리가 추구하는 돈이 의미하는 것은 안전, 권력, 과시, 성적 매력, 경쟁에서의 승리, 자존감 등인데 그 바탕에 있는 욕망을 잘 살펴보면 실제 원하는 것은 돈을 씀으로써 얻으려는 감정적 만족, 즉 자존감입니다. 그러나 놓아버림으로써 내면에서 느끼는 안전과 풍요, 그리고 자타에 대한 사랑 및 존중심이 있을 때 타인의 인정을 바라지 않게 됩니다.

놓아버리기에 숙달할수록 우리는 행복의 근원이 내면에 있다는 것을 알게 되므로 돈으로 얻을 수 있는 것을 직접 얻을 수 있습니다. 이제 만족의 원천이 외부에 있지 않고 내면이 있습니다. 게다가 그 만족과 행복을 타인과 공유하며 다른 사람의 존재를 감사하게 됩니다. 타인을 돕고 동정하고 격려하며 인내하고 포용하는 일이 쉬워집니다. 더 이상 자부심이라는 게 필요 없으므로 자기가 옳다고 주장할 필요도 없습니다.

비판 대신에 타인의 성장에 관심이 있습니다. 삶이 생기가 넘치며 저절로 물 흐르듯 진행됩니다. 내면의 참나와 하나가 되어 몸과 마음의 영향에서 벗어나 있습니다. 항상 침묵과 고요, 평화가 지배합니다. 이제 신성과 하나가 되는 관문까지 왔습니다.

우리의 생각과 감정은 파동과 에너지를 가지기 때문에 무한하게 퍼져나간다고 합니다. 그 사실을 안다면 혼자서 이런저런 생각을 가져도 괜찮겠지 할 수 없으며 다른 사람에게 숨기고 싶어 하는 모든 것을 찾아 버리게 됩니다. 다른 사람의 태도는 우리가 가진 감정을 비춰주는 거울이므로 그들의 태도를 보고 이상하다고 느낄 때마다 우리가 가진 감정을 찾아 버립니다. 그 결과 어느덧 나에 대한 다른 사람의 태도가 달라져 있는 것을 체험하게 됩니다. 이 점은 신유학이 성(誠)을 중시하는 맥락과 같습니다.

우리는 처음 만나는 사람이든 그 밖에 누구든 다른 사람은 내 속의 생각과 감정을 정확히 알고 있다는 사실을 그다지 중요하게 생각하지 않는 것 같습니다. 하지만 아무런 판단도 호불호도 가지지 않고 내면에 사랑과 평화만 간직한 삶을 보려면 어린이나 반려동물을 생각하면 됩니다. 이들을 보면 누구나 반색을 하며 미소 짓습니다. 우리에게 아무런 판단도 죄책도 없는 그런 상태가 된다면 저절로 미소와 평화를 전파하는 사람이 되리라 추측할 수 있습니다.

(5) 궁극의 실체 체험

이제 책 마지막 부분에 있는 질의응답 가운데 궁극의 실체 체험에 대한 저자의 답변을 옮기는 것으로 마치고자 합니다. 부정적 감정 놓아버리기에도 적용할 수 있으며 결국 골인 지점까지 쉬지 않고 끝까지 놓아버리기를 해야 한다는 교훈을 얻을 수 있습니다.

"궁극의 실체 체험은 '마지막 질주'라 할 수 있습니다. 삶의 모든 방면에서 예외 없이 놓아버리기를 합니다. 영적 에너지는 점점 강해지며 어떤 일이 있든지 철저하게 한 가지에 주의를 집중합니다. 수십 년 동안 간헐적으로 이런저런 수행을 했다고 하지만 한 가지를 제대로 할 때가 옵니다. 그것은 의지가 밀어붙이는 게 아니라 운명적 끌림입니다. 그 지점에서 놓아버리기를 택한다고 합시다. 그것은 무엇이든 일어날 때마다 모든 것을 포기하고 내려놓는 것입니다. 모든 감정, 생각, 욕망을 피크로 올렸다가 내보내는 것입니다. 이 작업을 잠시도 쉬지 않고 하는 겁니다.

나는 한 가지를 내보내는데 11일 동안 한 적이 있습니다. 가족 누군가를 잃었을 때 느끼는 슬픔은 지금 여기에서만의 문제가 아닙니다. 그것은 모든 생에서 겪은 모든 죽음의 에너지가 쌓인 것입니다. 이 특별한 놓아버리기를 11일 동안 아침저녁으로 한 것입니다. 마지막 날 모든 게 사라지고 다시 등장하지 않았습니다.

어쨌든 이 작업은 무엇이든 일어날 때마다 내려놓고 쉬지 않고 해내는 것입니다. 통제, 변화, 내 식의 고집을 포기하는 것입니다. 실체에 대한 환상, 선악, 바람직한 것과 아닌 것 등 마음에 있는 모든 것을 보내버려야 합니다. 실체 안에서는 그저 해가 났다가 구름이 나오고, 비가 오고 풀이 자랐다가 죽습니다. 주식은 올랐다가 내리고 세대가 왔다 갑니다. 밀물이 있고 썰물이 있습니다. 순환하는 무엇이든 거기에 대해 울어봐야 소용없습니다. 무엇이든 놓아버림으로써 그것은 결국 사라집니다. 당신은 그것과 하나가 되고 일어나는 대로 내버려 둠으로써 당신도 사라집니다. 그것이 무엇이든 중단하지 말고 계속하십시오.

　강조컨대 예외를 두지 마십시오. 그 무엇이든 누구든 예외 없이 놓아버리는 것입니다. 당신이 미워하는 누군가를 남겨두면 그것은 집착을 의미하며 전체 진도를 가로막는 장애물이 됩니다. 마침내 신적 현존을 만나는 데 장애가 되는 모든 것을 놓아버리는 것입니다. 그 상태는 매우 분명하고도 놀랍고 압도적이어서 거기에 대해 아무런 의문이 생기지 않습니다. 심오하고도 총체적이며 모든 것을 감싸 안으며 당신을 완전히 변모시키고 전혀 오류에 빠지지 않게 하는 힘입니다. 장애가 되는 모든 것을 내려놓을 때 그것은 찬란한 빛을 내 뿜습니다.

　그것은 미래에 다가오는 무엇이 아닙니다. 책상다리하고 '옴' 기도를 하며 50년을 수행하고 나서 나타나는 상태가 아닙니다. 그것은 지금 여기에서 당장 함께 하는 것입니다. 이 완전한 평화를 체험하지 못하는 이유는 당신이 저항하기 때문입니다. 지금 순간을 통제하려 하기 때문입니다. 이 순간의 체험을 통제하려 하지 않으면, 그리고 흐르는 음악처럼 매 순간 놓아버리면 당신은 바로 '언제나'라는 그 물마루 꼭대기에서 사는 게 됩니다. 체험은 음악 소리처럼 생겨납니다. 하나의 음표를 들었는가 하면 이미 지나가 버리는 것과 같습니다.

　다음 순간을 통제하려고 예상하거나 바로 지나가 버린 순간에 매

달리지 마십시오. 그리하여 당신은 시간도 없고 일도 없는 무한한 공간에 살게 됩니다. 말로 할 수 없는 무한한 평화가 있습니다. 당신은 비로소 고향에 도착했습니다."

5. 맺는말

마태복음 16;24절에서 말하는 "자기를 버리는" 일을, 저는 우리 수행 전통에 이미 존재하던 '멸정복성' 네 자로 요약하였습니다. 위에 소개한 세 가지 텍스트가 같은 정신을 보여준다고 보아서 요점을 발췌하는 식으로 소개하였습니다.

비교종교학자이자 신화학자인 조지프 캠벨에 따르면 그리스도교와 대승불교는 조로아스터교가 페르시아 군사도로 양 끝으로 전파되어 각각 발전된 사상이라고 합니다. 대승불교는 인도와 중국을 거치면서 도교와 융합된 후 신유학으로 발전했고 그리스도교는 그리스 사상, 특히 신플라톤주의과 융합하면서 오늘날의 기독교가 되었습니다.

이고 선생의 복성서는, 불교와 도교가 융합된 중국 선불교가 척불의 기운이 강할 때 신유학으로 진화하였음을 보여주는 논문으로서 사실상 유불선 수행에 공통하는 멸정복성에 대해 잘 말해준다고 생각해서 제 나름의 독법을 소개했습니다.

마이스터 에크하르트의 훈화는 플로티누스로 진화한 그리스 사상이 기독교와 어떻게 융합하였는지를 잘 보여주는 강화집입니다. 즉 존재의 근원인 '일자'를 어떻게 체험할 것인지에 대한 답인 동시에 그 존재의 근원을 기독교의 신과 융합시키면서도 신인동형의 유일신을 극복하는 좋은 대안이라고 생각합니다. 마이스터 에크하르트는 독일 관념론으로 계승되면서 현대에는 에리히 프롬에까지 그 영향력이 심대한 분입니다.

마지막으로 데이비드 호킨스 박사는 실제 성공한 정신치료사였고 현대 심리학 및 정신분석학 지식에 더하여 기독교, 불교, 무신론, 뉴에이지 등의 영성을 경험하였으나 놓아버리기 기법을 통하여 깨달음의 최종 관문을 통과하였다고 합니다. 그렇게 실제 체험한 것과 자신의 환자들에 대한 다양한 임상 기록 등을 근거로 쓴 책 내용입니다.

저는 위 세 분의 영성이, 멸정복성으로 요약될 수 있는 수행법을 제시한다고 생각해서 각 텍스트를 주마간산으로 소개하였습니다. 결함이 많은 줄 알지만 어떻게든 독자께서 이 길에 진입하시어 실제로 효험을 보셨으면 하는 마음에서 책으로 엮었습니다. 읽으시는 분의 의식이 이번 생과 이어지는 생에서 한없이 향상해서 완전한 안심과 평화를 얻어 누리시기를 바랍니다.

3부. 단상

1. 훌륭한 사람 되기

조카 녀석이 카톡으로 신년 인사를 하길래 제 아이들에게 하는 똑같은 말을 해주었습니다. "네가 훌륭한 사람이 되는 게 바로 효도요 충성이다." 그런데 카톡의 한계로 구체적으로 길게 얘길 못했기에 하고 싶은 말을 여기에 정리했습니다. 누구나 '다 안다'고 여기는 통속적 가르침에는 구멍이 많습니다.

훌륭한 사람이란 세상에 도움이 되는 선한 일만 하는 것을 넘어 의식이 매일매일 향상해서 그야말로 거룩한 경지까지 가야 합니다. 학교를 포함한 세상의 가르침은 사회에 잘 적응하고 에고 관점에서 뛰어난 인간이 되는 데 그칩니다. 종교는 착한 사람 또는 경건한 사람 정도를 지향하지만 대부분 영적 에고에 사로잡혀 낮은 수준에 갇혀 있습니다.

그러니 먼저 명상을 해야 합니다. 명상을 어렵게 여기고 또 '각을 잡고' 배우거나 가르쳐야 한다는 생각도 벽을 만드는 일입니다. 홀로 고요히 시간을 내면 충분합니다. 제가 배운 바로는 매일 편한 시간에 가장 편한 곳에서 가장 편한 자세로 10분을 내어 기도문 하나를 외우는 것입니다. 이와 더불어 경전을 읽고 영감으로 해석하는 일을 꾸준히 하는 것입니다. 경전의 자구에 얽매이지 않고 영감에 의존하면서 마음에 와닿는 가르침을 구하는 것입니다.

명상은 생각과 느낌으로 신성을 깨닫고 그 도움을 받으려는 일입니다. 도움을 받아서 에고를 이해하고 통제하는 훈련을 꾸준히 함으로써 에고에 전혀 휘둘리지 않고 신성의 도움으로 최고선에 이르려는 노력입니다. 왜냐하면 에고로써 에고를 닦는 노력은 지적 에고나 영적 에고만 키워서 실패하기 때문입니다(以情止情 是乃大情, 복성서 2절).

그렇게 평생 노력해서 지상에서부터 천국에 들어 (또는 여래의 집안에 태어나) 세상 모든 생명에 대해 무조건적 사랑(仁)을 끝없이 베풀다가 명이 다하면 즐겁게 기꺼이 가는 것이 삶의 목표라고 생각합니다. 물론 저는 이 길의 초입에 들어섰으며 굼벵이처럼 아주 조금씩 나아가고 있습니다. 저는 효도와 충성에 이러저러한 구체적 행동을 연계시켜 단순화하는 데 반대합니다. 그냥 자신의 의식이 높아지고 있으면 그것이 바로 효도와 충성이며 세상에 가장 잘 기여하는 것이라는 가르침에 동의합니다.

2. 죽기 전에 죽기

아침에 만난 마이스터 에크하르트 말씀인즉 신 안에 머무는 필요조건은 "자기 자신과 모든 것을 버리고 감각이 파악할 수 있는 어떤 것에도 얽매이지 않으며 시간과 영원 안에 존재하는 어떤 피조물에도 집착하지 않는 것"이라 합니다.

그동안 삶의 개선을 위해 읽거나 쫓아다닌 가르침들을 돌아보니 저런 상태란 결국 몸을 버린 경지가 아닐까 합니다. 마하라쉬 님은 17살에, 다섯 해 전 아버지 죽음의 영향인 것으로 짐작되는데 갑자기 죽음의 공포를 느끼면서 가상적으로 몸이 죽는 체험을 하고 나서 완전히 깨달아 평생 사람들을 감화하는 삶을 살았지요.

대승불교의 삶이란 것도 먼저 모든 것을 부정한 후에 세상을 향해 대자대비의 삶을 살자는 것으로 이해됩니다. 여기에 힌트를 얻은 것으로 보이는데 제가 한때 배운 수행법 가운데 비록 가상적이지만 급진적으로 죽어보는 체험을 해보라는 게 있었습니다. 어떻게든 세상에 대해 한번 완전히 정을 떼어보는 것이 하나의 힌트가 됩니다.

그렇게 해서 한 번 깨달아 큰 지혜를 얻고 영적으로 성장함으로써 십우도에 나오는 입전수수를 실천할 수 있다면 신적 기쁨과 사랑 그리고 커다란 평화 속에서 진짜 몸을 버릴 때까지 스승들 가르침대로 삶으로써 '잘 살았다' 할 수 있을 뿐 아니라 편안히 또 자신 있게 다음 차원으로 넘어갈 수 있을 것 같다는 생각을 해봅니다.

3. 죽기 좋은 날

제가 '학이시습'을 함께하는 동학(同学)이자 붕우(朋友)들이 모이는 그룹 게시판에 제 삶의 지표가 '어제보다 나은 내가 되고 오늘은 죽기 좋은 날이란 확신이 들 때까지 훈련하는 것'이라고 썼습니다. 다음은 그 말에 대한 주석입니다.

삶은 여정이고 그 여정은 이승에서 '곧고 좁은 길'을 끝없이 올라가는 일이라는 게 제 학습의 결론입니다. 이 길을 가려면 근본 결단이 이뤄져야 하는데 그 결단은 '탐욕과 애갈'을 완전히 없애는 것이 되어야 한다는 게 '선가귀감'의 말씀입니다. 탐욕과 애갈을 지워낸 귀결은 생사를 벗어나는 것이며 다른 말로 초탈이며 이원성의 극복입니다. 그 경지가 바로 '죽기 좋은 경지'이며 그때 비로소 유교 최고 실천명제인 인(仁)과 서(恕)가 가능하다고 봅니다. 인과 서란 말 그대로 만물과 만인에 대한 용서와 사랑인데 다른 말로 '무조건적 사랑'입니다. 그 일은 인력으로 불가하므로 복성서의 가르침대로 '불려불사(弗慮弗思)'를 통해 참나를 실현(復性)해야 합니다.

기독교 용어로 하면, 신애(神愛)와 인인애(隣人愛)를 끝없이 상호 대조해가며 명상과 기도가 뒷받침될 때 이 수련은 점차 향상하는 지루한 노정을 통해 구현될 것입니다. 다시 강조하면 이 일은 인력만으로 불가합니다. 참나 또는 신 의식 쪽에서 주도권을 가지도록 섬세한 분별과 노력이 필요합니다. 다른 말로 하면 은총이 필요합니다.

만물과 만인에 대한 사랑은 차별과 예외가 없는 경지까지 가야 하기에 심지어 땅속 벌레와 반대당 사람까지 포용할 수 있어야 합니다. 저는 물론 아직 힘들지만, 목표는 그렇게 잡고 있습니다. 이 길에서 정치적 참여까지 마다하지 않는 것은 세속사에 관여하는 것이 '십우도'의 입전수수(入廛垂手)가 시사하는 바의 대승적 의무이기 때문입니다.

4. 근본 결단

동양학 권위자이신 이기동 선생의 중용 강의를 유튜브로 들었습니다. 제가 바꾸어 말하건대 중용은 소위 하늘나라 패러다임으로 사는 법에 대한 말씀입니다. 우리 문화에서 하늘은 기독교의 하느님이나 하늘나라를 지칭합니다. 그 대척점에 세속 패러다임이 있습니다.

거의 모든 영성이나 종교는 방편적으로 신-인간, 하늘-땅, 참나-에고의 이원적 설명 체계를 가집니다. 제가 볼 때 중용의 하늘 패러다임은 기독교의 천국에 대한 설명과 일치합니다. 천국 패러다임은 지금 여기에서부터 우리 안의 참나를 최대한 구현해 나감으로써 신인합일의 삶을 살고자 하는 것입니다.

기독교와 유교가 실패하는 지점은 그것이 세상 운영이나 적응 수단으로만 작동하는 데 그치는 경우입니다. 즉 끝까지 밀어붙여 진짜 군자나 성인이 되는 데까지 가야 하는데 대부분 적당한 선에서 타협합니다. 그럴 때 지적 에고나 영적 에고가 발동하여 결국 우상 숭배에 복무하게 됩니다. 서양의 제국주의적 실천과 우리나라의 혈족주의 내지 땅의 숭배가 그것입니다.

그러니 조속히 내면에 존재하는 하늘나라를 내게서 완전히 구현하는 일에 전력을 기울일 일입니다. 그 과정에서 결국 세상에 대한 애착을 끊는 일이 필요하고 동시에 압도적인 기쁨과 다음 생으로 넘어갈 자신감이 생긴다고 봅니다. 이것이 근본 결단인데 세 가지 재앙(손재수, 깊은 병, 이별수)을 만나기 전에 할 수 있다면 참으로 축복이라 생각합니다.

5. 궁극의 바람

범세계 차원에서 인간의 가장 위대한 이벤트가 있다면 올림픽이고 그 이유는 그 정신이 평화에 있기 때문이라고 생각합니다. 이것을 가장 잘 표현한 분이 평창 올림픽에 참가한 독일 대통령인데 인용하자면 "고대로부터 이어온 올림픽의 평화정신을 사람들에게 다시 불러일으킬 수 있다면 평창 올림픽은 이미 성공적이다."라는 것입니다.

매일 읽는 명상집에서 영감을 받아 이 세상을 떠날 때 '평화와 사랑'의 사람이었다는 평으로 남으면 좋겠다고 생각했습니다. 해당 내용을 옮겨보겠습니다. "신의 현존 체험은 언제든 가능한데 우리 내면에서 그러하다. 그러나 그것은 우리의 선택을 기다린다. 그 선택은 평화와 사랑을 제외한 모든 것을 신께 바침으로써만 이뤄진다. 그 보답으로 언제나 함께했으나 이제껏 체험치 못했던 참나이기도 한 신성이 드러난다. 그것이 체험되지 못한 이유는 무시했거나 잊어버렸거나 아니면 선택하지 않았기 때문이다. (데이비드 호킨스)."

재론하면 제 궁극의 바람은 '신의 현존 체험 속에서 남은 삶을 잘 살고 나서 안심하고 저세상으로 넘어가는 것'입니다. 강조하는 의미에서 바꿔 말하면 '행(行)을 바꾸고 정신의 꼴을 새로 짓고 내면의 신 체험에 장애가 되는 업장을 지워내고 신의 뜻에 따라 세상에 천국을 건설하는 일에 매진하다가 기쁜 마음으로 저 세상으로 건너가는 것'입니다. 대동소이한 말씀이지만 '그리스도의 편지' 말씀을 인용합니다. "내 가르침은, 오로지 너희 의식이 새로운 생명과 활기와 영적 권능 앞에 열려 있게 함으로써 유한하고 불만스러운 낡은 삶의 방식을 버리고 내적 환희의 새로운 근원과 나날의 필요 충족을 구하는 데 도움이 되는 데만 주력하고 있다. 나는 너희가 다음 차원으로 건너가기 전에 이러한 지고의 존재 상태에 이르기를, 그 건너감이 고통 없이 이뤄지기를, 그리고 그 건너감이 장엄한 것이 되기를 신적 사랑으로 열망한다."

6. 불려불사(弗慮弗思)

자주 뵙지는 못하지만 가까운 데 계시기에 각각 최소 한 달에 한 번은 뵙도록 노력하는데 장모님은 93세, 모친은 85세입니다. 저도 이 세상의 입구보다 출구 쪽이 가깝기에 앞글과 같은 소감을 적은 것입니다. 대략 향후 15년 정도 안전한 출구 통과를 염두에 두고 전심으로 노력하고 있습니다(이 글은 2018년에 쓴 글입니다).

재론하면 어떻게 그 전에 '지고의 존재 상태에 도달하고 고통 없이 장엄하게 건너갈 것인가'에 대한 대책을 마련 중이라는 것입니다. 그 길은 바로 명상에 있습니다. 그래서 언제나 실패하던 꾸준한 명상을 지금은 실천하고 있습니다.

명상은 이 땅에 살았던 모든 진실한 지성인이 추구했던 일로서 그에 대해 가장 좋은 안내서는 '복성서'입니다. 복성서는 요컨대 멸정복성(滅情復性)을 통해 하늘나라에 들어가는 법을 중용을 근거로 말하고 있습니다. 명상의 요점은 불려불사(弗慮弗思)입니다. 이 말은 전심법요의 '과거와 미래도 생각하지 말라(不用思前慮後)'는 가르침을 받은 것인데 '지금-여기'만을 살기 위한 지침이라고 봅니다.

　명상의 목적은 생각을 '나'와 동일시하지 않는 것이며 고요하고 텅 비어 있는 자리, 눈 감고 있을 때 마치 잔잔한 대양과 같은 자리가 바로 신적 실재라는 것을 완전히 깨닫는 것입니다. 거기에서 존재와 생명이 나오고 거기가 바로 모든 기쁨과 사랑의 근원이라는 것을 뼈저리게 느낄 때까지 노력하여 결국 믿음이 아니라 앎으로써 신을 체험하는 것입니다.

　그것이 지상 천국의 실현입니다. 그렇게 신과 하나 되어 세상에 대자대비를 실천하는 것이 모든 영성이 제시하는 바의 천국에 드는 방법입니다. 그 길에서 소아의 노력을 버리고 스승과 참나 쪽에 주도권을 드리는 것이 바로 순명이자 순종입니다. 명상을 어렵게 생각지 말고 매일 10분 이상 생각을 끊고 편히 쉬는 것만 실천하면 누구나 할 수 있습니다. 물론 검증된 영성 서적을 교재로 삼아 곁에 두고 학습해야 하겠지요.

7. 성(誠)과 중(中)

　어제는 혼자 24시간을 근무하면서 다시 한번 성(誠)과 중(中)에 대해 생각해봤습니다. 돌아보면 혼자 있을 때 일에 몰두하지 않으면 재미있는 오락거리를 찾거나 고요를 깨는 무엇을 합니다. 그 결과 직장 말년부터 약 10여 년 엉망진창 삶을 경영하여 깊은 절망 상태까지 갔었습니다. 요컨대 적당히 세상에서 통하는 정도의 도덕으로 살았다는 것을 깨달았습니다. 그래서 거의 바닥에서 떠오른 게 절대적으로 정직해야 하겠다(至誠)는 것이었습니다.

　동양 영성은 혼자 있을 때 삼가는 것(愼其獨)이 기본 중의 기본입니다. 혼자 있을 때 삼간다는 것은 바로 중을 지킨다(守其中)는 것이고 중이란 희로애락이 드러나기 전의 상태(喜怒哀樂之未發)를 말하는 것이어서 바로 생각이 끊어진 자리를 말합니다. 이것이 바로 중용의 키워드이기도 한 성(誠)에 대한 요지입니다.

　중용은 특별히 보이지 않는 것이 가장 밝게 드러나고 들리지 않는 것이 가장 넓게 퍼지는 것이니(不覩之覩, 見莫大焉, 不聞之聞, 聞莫大焉) 경계하고 두려워하여야 한다(戒愼乎其所不覩, 恐懼乎其所不聞)고 합니다. 하지만 어떻게 이것을 실천할 것인지 자세히 안내하는 공부를 한 적이 없는 것 같습니다. 고작해야 거짓말을 하지 않아야 한다고 배우지만 세상은 거짓말투성이입니다. 저를 포함해서 사는 동안 사기를 당하지 않는 사람이 거의 없고 속이지 않는 사람이 거의 없습니다. 이것이 개인적 불행과 사회적 재앙의 원인이기도 합니다.

성이란 고요한 상태(誠者定也)라 하여 성의 실천은 바로 명상에 있습니다. 명상은 생각이 끊어진 자리에 항상 접속하여 흔들리지 않고 선만을 행하게 합니다(擇善而固執之). 그러니 거짓 없음(至誠)이란 바로 생각이 끊어진 자리를 보존하는 것(守其中)이기도 합니다. 그래서 중용은 중(中)이 우주의 근본(中也者, 天下之大本也)이라고 선언합니다. 농자천하지대본이란 말은 이것을 흉내낸 말입니다. 농(農)이란 생산력을 의미하므로 이렇게 바꿔 쓰면 마르크시즘이나 자본주의가 됩니다. 그러니 실상 산업사회 또한 농자천하지대본의 사회와 다름없습니다.

요즈음은 나머지 삶만이라도 흑자를 기록하는 삶이 되게 하려고 매일 명상을 실천하고 있습니다. 아무리 오랜 시간 혼자 있어도 무엇을 해야 할지 잘 해나가는 편입니다. 그런데 실은 명상이란 의식이 지속적으로 상승하는 첩경이어서 날로 삶이 개선될 뿐 아니라 결국엔 엄청난 능력을 발휘하게 된다는 것이 이미 입증되어 있습니다. 천재란 한 가지만 몰입하는 사람이라 하니 결국 한마음으로 중(中)에 몰입하는 사람은 성인이 될 수밖에 없다고 생각합니다.

8. 명상과 염송기도

어제 저녁은 아내와 저녁을 먹는데 일 년의 반은 일해야 하는 내 신세가 안 되어 보였는지 "노후에 일하지 않고 놀고먹을 수 있었으면 얼마나 좋았을까?" 합니다. 저는 '헝그리 정신이 부족하여 지금 이렇게 되었으나 현실에 불만이 없을 뿐 아니라 이승이 최종 종착지라면 나는 확실히 '루저'지만 이곳은 그저 지나가는 여행지이지 않느냐'고 했습니다.

생명과 의식은 부단히 이어진다는 것이 스승들의 가르침이자 우리의 직관에 맞습니다. 더구나 임종 시 가장 중요한 것은 소유관계가 아니라 의식 수준이라고 합니다. 요컨대 이승은 학습 장소이자 훈련장입니다. 도량이라고도 하지요. 그래서 저는 인간 행복을 위해서는 세상의 개조 개혁으로는 부족하며 내면의 천국을 이곳에서 발견해야 한다는 것을 전제로 공부합니다.

내면의 천국 찾기에 몰입하고 실천했던 전통이 우리 조상들에게 있었고 그 방편이 명상이라는 것을 앞에서 논증했습니다. 즉 생각이 끊어진 자리가 세상의 근본이라는 것(中也者 天下之大本也)을 설명했습니다. 홀로 고요히 명상하는 것은 이해할 수 있다고 해도 일상 속에서는 어떻게 하는 게 좋은가 하는 것을 적어보겠습니다. 불가나 유가 모두 공통되지만 유불선을 잘 종합하고 있는 채근담을 보면 일이 없을 때는 고요하되 깨어 있는 정신으로 비추어야 하고(

宜寂寂而照以惺惺) 일이 있을 때는 깨어 일하되 고요함을 바탕으로 해야 한다(宜惺惺而主以寂寂)고 합니다.

달리 표현하면 홀로 있을 때나 사회생활을 할 때나 내 생각이란 것을 끊어버리는 것이 요체입니다. 그 비결로 제가 발견한 것이 염송 기도입니다. 이 방편은 천주교와 불교에 풍부하게 전승되고 있습니다. 대표적인 게 무한한 빛이며 생명(아미타)인 의식의 장(佛)에 내 모든 것을 의탁한다는 뜻을 가진 '나무아미타불'입니다. 어떤 수단을 택하든 24시간을 통틀어 모든 생각과 행동을 신께 또는 비로자나불께 바쳐 내 것이 하나도 없게 되는 게 생각이 끊어진 경지로 가는 지름길이라 생각합니다

9. 윤집궐중의 실천

조선 말기에 독학으로 기독교 일파인 천주교를 받아들인 선비들은 기독교 핵심이, 불교와 도교 철학이 흠뻑 스며든 성리학에 모순되지 않는다는 것을 알았습니다. 제 경우 기독교도로서 대학교 국어 시간을 통해서 처음으로 사서집주와 논어를 접했습니다. 논어 맹자를 간헐적으로 읽으면서 대충 지내던 중 탄허 스님을 만나면서 그 모든 게 하나로 정리된다는 느낌이 생겼습니다. 기독교와 성리학이 하나가 될 수 있다는 느낌 말입니다. 그러다가 이고 선생의 복성서를 번역하면서 성리학이 불교의 다른 버전임을 확인하였습

니다.

중용 첫머리가 기독교 핵심 사상과 통할 수 있다는 생각을 여러 번 거론한 적 있지만, 주자의 중용장구 서문을 오늘 처음 읽었습니다. 제 생각엔 논어도 그렇지만 중용도 디테일에 빠져버리면 숲을 놓쳐버릴 가능성이 크다고 생각합니다. 그것은 주자의 글을 읽으면 더 확신하게 됩니다. 주자가 처음 입문한 불교의 눈으로 유교 경전을 읽을 때 실천을 위한 핵심을 놓치지 않는다는 얘깁니다. 즉 남명 선생처럼 언제나 깨어 있음을 상징하는 종과 언제나 의를 선택함을 상징하는 칼이 실천의 핵심입니다.

요컨대 유교, 특히 성리학은 요순 및 공자와 같은 성인이 되는 것이 목표이며 거기에 이르는 길에서 중을 잡으라는 것(允執厥中)이 중용장구의 요지입니다. 여기서 중은 앞서 논의한 희로애락이 발생하지 않은 상태, 즉 참나(性)로 읽어야 하고 거기에 이르는 방편은 남명 선생의 종이 상징하는 거경(居敬), 즉 명상의 실천이라는 것입니다. 그러니 중을 잡는다는 것은 일이 없을 때는 깨어 있으면서 생각 없이 고요하되, 일이 있을 때는 고요함을 바탕으로 하여 일하는 것과 같다고 보는 것입니다.

길게 썼지만 홀로 있을 때는 명상 상태로, 사회생활을 할 때는 매 순간 모든 생각을 하늘(신성) 또는 불성에 바치는 염송 기도를 하면 좋겠다고 저는 생각합니다. 그러면 기술적이고 실무적인 일은 어떻게 하지 하는 의문이 생길 수 있습니다. 이순신 장군처럼 큰 일을 홀로 결정해야 한다면 우선은 기술적 지식과 집단 지성을 활용하되 주역 정신에 따라 괘를 뽑아 최종 결정을 하는 것도 좋다고 생각합니다.

오늘날 괘를 뽑아 의사결정을 하는 일은 거의 없지 싶으므로 그에 못지않은 방편을 하나 소개합니다. 그것은 호킨스 박사의 근육 측정 테스트인데 자세한 것은 국내 번역서 또는 유튜브를 참고하시면 됩니다. 실상 반면교사의 심정으로 고백하자면 이제까지는 명상도 안 했고 매사 그때그때 즉흥적 결정으로 살아왔습니다. 그래서 직장 생활도 형편없이 했고, 은퇴 후에는 큰 실패도 했습니다. 남은 삶이라도 제대로 하려고 합니다.

10. 무조건적 사랑

오늘은 '그리스도의 편지'에 있는 말씀을 묵상해보고자 합니다. "너희가 배척하거나 비판하는 사람에 대해, 나 그리스도는 언제나 가장 깊은 사랑과 연민을 품고 있다는 사실을 너희는 깨닫고 있는가? 너희가 배척하는 사람에게 나는 무조건적 사랑을 방사하고 있다."

실상 위와 같은 일은 우리가 에고에 머무는 한 불가능하다는 것이 솔직한 말입니다. 유교의 인(仁)과 서(恕), 불교의 자비, 기독교의 사랑은 모두 인간에게 불가능한 수준을 촉구하는 것으로 생각합니다. 그래서 피붙이를 사랑하는 것은 이방인도 하는 것이라고 그리스도는 말씀하신 것입니다. TV를 보니 짐승도 측은지심을 실행하더군요.

경전들이 가르치는 바는 우리가 에고를 완전히 극복했을 때 가능한 일입니다. 그 도정에서 되도록 억지로라도, 하다못해 기브앤테이크 방식으로라도 끝까지 노력해보자는 것이 소위 종교들이 버티는 최저선이라고 생각합니다.

그래서 성리학 또는 신유학의 가장 초기 논문인 복성서는 대략 11세기 전에 에고로 에고를 이기려는 것은 더 큰 에고일 뿐(以情止情, 是乃大情也)이라고 했습니다. 그리스도 또한 자신을 부정하고 나를 따르라고 했습니다. 이를 위한 필수적인 방편이자 간절한 노력이 명상입니다. 왜냐하면 명상은 신 의식에 접속하려는 간절한 노력이기 때문입니다. 4대 성인이 말씀하신 사랑이 동물과 몸을 공유하는 차원의 것이라면 무엇 하러 힘들여 배우겠습니까?

위 구절에서 방사한다(radiate)는 말을 주목하면 좋습니다. 무조건적 사랑은 우리가 신의 불꽃에 심지를 빌려줄 때 가능할 것입니다. 신적 사랑은 우주의 에너지나 태양 빛과 같아서 수용자의 상태를 가리지 않고 그냥 방사되는 것이라 합니다.

11. 성(性)과 정(情)

탄허스님 말씀 공유해보겠습니다. "마음(心)은 성(性)과 정(情)을 합한 명사다. 성이란 나의 한 생각이 일어나기 전, 즉 우주가 아직 나누어지기 전 상태를 말한다. 우리의 한 생각이 일어나기 전이나 몸이 나기 전이나 우주가 생기기 전이나 모두 똑같다. 우리가 흔히 마음의 본체인 성에 대해서 논하면서 중생이나 부처, 성인이나 범부가 모두 똑같다고 하는 것은 일체를 성의 자리에서 보았을 때를 말하는 것이지 무조건 똑같다는 의미가 아니다... 성은 칠정이 일어나기 전의 면목이며 언어나 문자로 표현할 수 없는 자리다. (탄허록 180~181)"

제 생각에 이것만 확실히 구분할 줄 안다면 유교와 불교를 이해하는 중요한 기초 가운데 하나를 얻었다고 봅니다. 제가 복성서를 번역하면서 성을 '참나'로 정을 '에고'로 번역한 근거도 여기에 있고 그래서 그 어떤 번역보다 전체를 이해하기 쉬워졌다고 생각합니다.

범부와 성인이 성을 지니고 있다는 점에서 같지만 범부는 우주의 진면목이자 시공이 끊어진 마음의 본체인 성을 알지 못하고 희로애구애 오욕에 끌려다니는 데 반해 성인은 성의 자리에 앉아 있는 것이 다르다고 합니다. 명상은 언제나 성의 자리에 앉아 있고자 하는 노력에 다름 아니라고 생각합니다.

우연히 TV에서 보여주는 십대 역사 영재와 수영 영재를 보았는데 이들은 그 분야에서 매일 나아지기 위해 쉬지 않고 노력하더군요! 평생에 걸쳐 성의 자리에 들어앉는 일에는 아무런 제약이 없지만, 거기에 뜻을 두는 이들은 10% 미만인 것 같습니다. 이 길이 생사를 벗어나는 일인데도 그렇습니다. 사교육으로 인생 문제를 다 해결하는 것처럼 여기듯이 교회나 절에 출석하는 일로 때우는 게 대다수 사람입니다.

12. 영적 수행

TV에서 세계 기록에 도전하는 청소년을 보면서 숭고한 영감을 받습니다. 영상으로 자신과 경쟁자를 비교하며 자세를 교정하고 매일 훈련일지를 쓰는 것은 기본입니다. 한편 한 가지 콘텐츠에 꽂혀 엄청난 자료를 수집하는 편집증에 가까운 취미를 가진 사람도 봅니다. 예를 들면 트럼프 카드 모으기, 옥편 외우기 같은 것입니다. 많은 책이 실상 콘텐츠 모으기로 요약될 수 있습니다. 제가 읽은 것 가운데 매우 인상 깊은 것 하나는 푹스의 '풍속의 역사'인데 이것은 성 풍속이란 콘텐츠를 집대성한 것입니다.

그런데 콘텐츠의 수집이란 아무리 산처럼 모아도 우리의 궁극적 행복에 기여하지 못한다고 생각합니다. 한 가지에 평생 몰입해서 우리를 구원할 수 있는 것은 오히려 청년 영재들의 실천과 유사하다고 봅니다. 끝없이 자신을 돌아보고 부족한 것을 고쳐 완성에 이르려는 과정이 마치 영적 수행과 같다고 느껴지기 때문입니다. 백성욱 선생은 영적 수행이란 개과천선에 다름 아니라고 하셨습니다. 과실을 고쳐 보다 나은 상태가 되고자 하는 것은, 일본식 경영을 찬사해 마지않는 경영학 책이 '카이젠(改善)'이라 소개하는 것을 보았는데 실은 어디서든 요구되는 덕성이기도 합니다.

명상을 기본으로 하는 영적 수행이란 에고(情)를 완전히 이해하고 그것을 다스리는 데 달인이 되는 과정으로 볼 수 있습니다. 이 일은 신 의식(참나, 性)과 접속하는 일이기도 하고 그 힘으로 하는 일이기도 합니다. 우리 쪽에서 할 일은 에고를 잊어버리는(坐忘) 수준까지 에고를 완전히 이해하고 내버리는 일입니다. 그 과정은 마치 천재들이 몰입하는 과정과 흡사하다는 게 제 생각입니다. 비슷한 경우로는 골프와 피아노 연주에서 세계를 제패한 청년들이 있습니다. 중요한 것은 이승에서뿐 아니라 다음 차원에까지 통하도록 이 일을 하다가 오늘 죽는 것이 어제 죽은 것보다 낫더라 할 수 있으면 참 좋겠다는 것이 제 생각입니다.

13. 명상과 깨달음

중국에 전해오는 설화 가운데 관음이 어여쁜 처녀로 나타나 청년들에게 관음경을 소개하는 이야기를 조지프 캠벨의 '신화와 인생'

에서 읽었습니다. 20명이 처녀와 결혼하고 싶어 관음경 읽기에 도전합니다. 처녀와의 결혼 요건은 관음경의 암기-해석-체험이었습니다. 최종 합격자는 당연히 1명입니다.

우연이지만 제가 공역으로 소개한 '해피포켓'도 인생 대박을 미끼로 명상을 권하는 책입니다. 책 읽으신 분 가운데 1/20이라도 명상에서 나오는 유익하고 고귀한 체험을 했는지 모르지만 적어도 저는 이제 막 입문해서 점점 그 가치를 체험해가고 있습니다.

정작 실천은 '그리스도의 편지'라는 책을 만나고 나서 매일 하게 되었습니다. 명상이란 지눌 스님이 지적하신 '텅 비어 고요하게 알아차리는 자리'에 생각이란 물건이 지나가는 것을 깨닫고 그 생각이란 놈을 끊어버리는 일입니다. 마하라지 님에 따르면 생각이란 군중 속의 사람들과 같아서 마주보며 대거리만 하지 않으면 그냥 남이 되는 것이라 합니다.

생각이란 호킨스 박사에 따르면 의식의 장에서 저절로 그리고 임의로 솟아오르는 것이기 때문에 명상과 성찰을 통해서 내 존재가 높은 의식의 장으로 올라가면 전혀 다른 색조의 생각이 솟아오릅니다. 그 색조는 감정을 따라 층을 이룹니다. 그래서 '냉담-슬픔-두려움-욕망-분노-자부심'이란 부정적 층을 차례차례 극복하면 비로소 긍정적인 색조가 나타납니다.

한편 의식이 계속 상승하여 사랑과 기쁨이 주된 색조가 되는 때가 깨달음의 시작이며 깨달음에도 계속 상승하는 단계가 있다고 합니다. 이것은 화엄 10지품이 가르치는 바와 같다고 봅니다. 최종적인 상태는 완전한 평화라고 합니다. 박사는 깨달음의 초입에 이르는 비율이 4% 정도라고 하여서 관음 설화에서 결혼 조건에 이른 1/20과 큰 차이가 없어 재미있다고 생각한 적이 있습니다.

그런데 골프에 입문하면 골프를 치게 되어 있다는 말처럼 깨달을 운명에 있는 이들만이 명상에 도전한다고 합니다. 그리고 불가에서는 한 생에서 깨달으나 열 번의 생을 거쳐 깨달으나 마찬가지라고 하며 어쨌든 깨달음에 대해 듣는 것만으로도 은총이라고 합니다.

14. 영성의 길

소크라테스가 말한 동굴의 우화는 우리가 보는 게 실체가 아니라 허상이라는 것을 말합니다. 그분은 궁극의 실체를 보고 알았을 뿐 아니라 매 순간 그 소리를 듣고 그 지시에 따라 살았습니다. 그랬기에 아테네 사람들이 모두 아니라고 해도 기꺼이 죽음의 길을 갔던 것입니다.

미디어가 매일 떠들어대는 세상사가 그저 스크린에 비친 허상이라는 것을 확인하고 세상과 달리 살면서도 세상 변화에 기여하는 길은 영성을 추구하는 길밖에 없습니다. 허상과 싸우면 고통과 병이 깊어집니다. 매일 명상하는 것이 영성의 길로 가는 입구라고 할 수 있습니다. 명상은 그저 세상에서 오는 생각을 끊고 안으로 들어가는 행위입니다.

그와 동시에 과거와의 단절, 고정관념과의 단절을 통해 의식이 상승해가고 황금률의 실천이 쉬워지는데 특히 절대적으로 진실할 것(至誠)이 요구됩니다. 다행하게도 명상이 깊어질수록 환희심이 나서 이것이 인센티브 역할을 합니다. 그런데 어리석게도 이 환희심이 목표가 되고 세상과 단절하게 되면 그것은 소승의 폐해이기에 바람직하지 않은 것이 됩니다.

소승에 가까울수록 꾀까다로운 자세를 강조하고 심지어 면벽수행 같은 것을 하게 됩니다. 명상을 통해서 의식이 계속 진화하고 거기서 나오는 지혜로써 세상의 패러다임을 벗어난 실천을 하자는 게 목적입니다. 의식이 끝까지 진화하면 이원성의 세계를 벗어날 수 있다고 합니다.

비이원성이란 선악과를 먹기 전, 즉 선과 악 같은 이원적 구분을 벗어나 바라보는 것입니다. 이것이 창세기가 말하고 싶어 하는 것으로 생각합니다. 그런데 이렇게 나아가는 과정에 대한 가르침은 4대 성인의 가르침에 공통할 뿐 아니라 고금동서 누구나 같은 체험을 보고하는데 그것이 신비주의 전통에 잘 보존되어 있습니다.

15. 돈오와 점오

이 공부를 본격적으로 하기 전에는 호기심에서 다양한 콘텐츠를 다룬 책들을 읽기도 했지만 앞서 지적했듯이 콘텐츠는 아무리 모아도 의식 향상에 도움이 되지 않는 것 같습니다. 내 의식보다 높은 의식의 글을 읽을 때는 거기에 동승함으로써 높은 의식을 체험할 수 있으며 그것이 완전히 익숙해져서 내 것이 될 때 비로소 내 의식도 높아지는 것 같습니다. 신비주의 전통에서 'Lectio Divina'로 불리는 영적 독서가 꼭 필요한 이유일 것입니다.

그래서 경전을 손에 놓지 않는 것이 좋은데 경전이란 것도 대개 교단에서 당대에 소아적 관점에서 필요하다고 판단하여 삽입하거나 편집한 것들이 적지 않아서 최근의 영적 도서 가운데 검증되었다고 판단되는 것들이 좋다고 생각합니다. 검증 방법은 앞서 소개한 근육측정 테스트가 좋습니다. 다음은 호킨스 박사의 '나의 눈'에서 가져온 것입니다.

"돈오와 점오는 동시에 존재합니다. 영적인 진화과정에서 작아 보이는 진전 상태는 거의 눈에 띄지 않게 일어나는 경우가 많지만, 눈사태를 일으키는 것은 눈더미 밑의 보이지 않는 곳에서 일어나는 작은 변화입니다. 의식의 갑작스러운 도약은 아무 예고도 없이 일어날 수 있습니다. 그러니까 뜻밖의 일이 일어날 가능성에 대비하는 게 좋습니다.

4%의 인구만이 들어서는 사랑의 단계에서 영적 성장은 뚜렷하고 분명해집니다. 여기에서는 너그럽고 자비롭고 온화하고 온유하고 느긋해집니다. 그의 행복은 외적 정황이나 사건과 무관합니다. 판단하는 태도는 사라지고 이해하고 감싸는 마음이 자리 잡습니다. 모든 것의 본래의 아름다움과 완전함이 드러나기 시작합니다. 그 경이로운 아름다움에 눈물을 흘리는 일이 잦습니다. (위 책, 219쪽)"

호킨스 박사는 자신의 영성 수련 과정과 깨달은 이후의 체험에 대해 자세히 보고하고 있어서 뜻있는 분들은 참고하시면 좋겠다고 생각합니다.

16. 동서의 수행론

동서 영성이 하나로 수렴한다면 그것은 인간의 마음이 똑같이 생겼기 때문이라고 생각합니다. 칼 융은 인도학자인 하인리히 짐머가 라마나 마하리쉬에 대해 쓴 책의 서문에서 말하길 "동양적 수행의 목표는 서양 신비주의의 그것과 같다. 동양에서는 초점이 소아(小我)에서 참나(眞我)로 옮겨가듯 서양에서는 인간에게서 신으로 옮겨간다. 이는 소아가 참나 안에서 그리고 인간이 신 안에서 사라짐을 뜻한다."고 했습니다.

여기에서 소아란 대승불교의 심생멸, 참나란 심진여에 해당하는

데 그것은 몸의 진화과정에서 생존을 위해 장착된 특성입니다. 이 소아의 특성을 완전히 이해하고 넘어설 때 우리 존재의 근원인 참나로 존재하게 되어 모든 두려움과 고통, 불행이 그치게 된다는 것이 제가 파악한 동서 영성의 가르침입니다. 참나란 신성의 다른 말이기도 해서 신성의 발현을 가로막는 모든 장애가 제거되면 사랑과 기쁨, 평화가 들어차는 것입니다.

마하리쉬 님 처방에 따르면 생각으로 된 마음, 즉 소아를 벗어나야만 참나를 깨달을 수 있는데 첫 번째 방편이 '나는 무엇인가'라는 질문을 가지고 그 의문의 근원으로 몰입하여 마음의 세계를 벗어나는 것이고, 두 번째 방편은 자신의 모든 것을 신에게 완전히 맡겨버림으로써 마음을 사라지게 하는 것입니다(나는 누구인가, 59쪽). 그 상태는 어린이와 비슷하여서 어떤 상황이 계속되는 동안에만 그 상황에 관한 관심을 가지며 상황이 지나가 버리면 거기에 대해 더 이상 생각하지 않는다(위 책, 125쪽)고 합니다. 아이처럼 되라는 말씀은 동아시아 성현들과 그리스도가 똑같이 이야기합니다. 한 구절만 가져오면, 맹자는 어린아이 마음을 잃어버리지 않은 경지를 수양의 목표로 합니다(大人者 不失其赤子之心者也, 離婁下).

제 생각에 몸을 버린 후에는 누구나 참나 상태가 되지만 우리 의식이 만든, 그래서 환상이라고 일컬어지는 이 세상에 대해 유머를 가지고 즐기기 위해서는 이 세상에서 참나-깨달음 상태로 가는 것이 비결입니다. 하지만 대개는 아주 오랫동안 우리 몸이 나라는 생각에 익숙해 있기 때문에 소위 영적 수행이란 과정을 밟아야 하고 마치 운동선수나 악기 연주자처럼 꾸준히 연습하는 일이 필요하다고 보는 것입니다. 그 연습의 과정이 각 문화에서 영성 수련이라 할 만한 것들이라고 생각합니다. 공자님이 '학이시습'이라 할 때도 오늘날 학습과정에서 이뤄지는 수많은 콘텐츠의 습득이 아니라 바로 저러한 과정을 말씀하신 것으로 생각합니다. 그래서 심학의 정수를 실천한 것으로 평가되는 안회가 수제자로 여겨지는 것입니다.

17. 개혁과 동양 영성

개혁가는 소크라테스가 설파한 동굴의 우화를 잊지 말아야 한다고 생각합니다. 그림자와 싸우다 보면 지치기 쉽고 분노에 싸여 스스로 병들기 쉽습니다. 더구나 증상과 싸우는 게 되어 잘 개선되지도 않습니다. 그림자를 비추는 실체를 찾아 치유의 손길을 뻗어야 합니다. 그 가장 좋은 길이 우리에게 전해지고 있습니다. 바로 수신제가 후 치국평천하 해야 한다는 것입니다.

수신제가의 핵은 바로 경(敬)이요 성(誠)입니다. 성(誠)이란 그 의식이 완전하게 투명해야 한다는 것이고 완전히 투명해지기 위해서 경외하는 마음을 가져야 한다는 것이 경(敬)입니다. 그러기 위해서 반드시 홀로 내면으로 들어가는 시간을 매일 가져야 합니다. 이것만 잘해도 제가(齊家)는 바로 된다는 것이 제 체험입니다.

오늘날 높은 스펙의 사람들이 부패하고 강자에게 부역하는 시시한 인생을 사는 것은, 최치원 선생에서 조식 선생으로 면면히 이어지는 이 땅의 최고 지성인들이 실천한 이러한 공부를 무시했기 때문이라고 봅니다. 칼 융은 진단하길 "인간은 영혼의 갈증이 채워지지 않으면 결국 가장 심각한 불균형이 초래된다는 사실을 깨닫지 못한다. 이것이 바로 서구인들을 병들게 한 요인인데 이러한 탐욕이 온 세상을 오염시킬 때까지 멈추지 않는다."고 합니다.

그러면서 제시한 대안이 마하라쉬로 상징되는 동양 영성의 실천입니다. 동양 영성 실천의 핵심이 바로 명상입니다. 이 처방은 천여 년 전 복성서도 반복하고 있는데 거기에 따르면 명상이란 불려불사(弗慮弗思)이고 마하리쉬는 마음을 없애면 생각이 없어진다고 해서 결국 동양 정신은 모두 같은 것을 말하고 있습니다. 다만 전생까지 치른 공부에 따라 자신이 화약인지 숯인지 젖은 석탄인지 파악해서 거기에 맞는 방편을 찾아 충분한 시간을 투자하면 됩니다.

한 사람이라도 깨달음을 향해 진전하고 그런 군자가 많이 나와서 그들이 현대 조직의 리더가 되면 바로 세상이 평화롭게 된다(平天下)고 보는 것입니다. 대학의 이런 이념은 모든 주권자가 통치자이기도 한 민주정에서 더욱 필요한 생각이라고 생각합니다.

18. 공부의 요체

제가 파악한 공부 목표로서의 깨달음이란 에고가 사라짐으로써 드러나는 비이원성의 상태를 말합니다. 공부의 방향과 지도를 가지고 있어서 평생 동안, 이 단순한 과정을 실천하기만 하면 이룰 수 있다는 믿음이 있습니다.

마하리쉬 용어로 하면 바사나(좹)를 다 버리면 마치 두레박 끈이 끊어져 물속으로 들어가 버린 상태인 '본연적 무상 삼매'의 삶을 살게 됩니다. 가장 먼저 필요한 일은 침묵과 고요 속에서, 자신의 정체성을 잊을 때 느껴지는 존재감 또는 순수 의식(지눌 스님이 말씀하신 공적영지와 같다고 봅니다)이 참나, 즉 우주의 유일한 실체라는 것을 확신하는 것입니다. 마하리쉬 님은 젖을 빠는 아기의 상태로도 묘사합니다.

이 상태는 깨어 있는 상태, 잠든 상태, 꿈꾸는 상태의 바탕에서 이들이 서로 다른 상태임을 분간하게 해주는 스크린이기도 합니다. 이 상태에 이르면 나와 남의 구분도, 나와 사물의 구분도 없어지기 때문에 비이원성의 상태(non-duality)라고도 합니다.

명상할 때 육체에 대한 의식이 없어진 느낌을 체험하는 것이 여기에 유사한 상태이어서 이때를 '일시적 무상 삼매'라고 합니다. 마하리쉬 님은 이 상태를 끈이 안 끊어진 두레박에 비유합니다. 입문자로서 공부 요점을 반복하면 명상으로 삼매에 대한 체험을 늘리고 호킨스 박사의 놓아버리기 또는 불가의 6바라밀 실천으로 에고를 완전히 지워나가는 것이 핵심입니다.

모든 성취가 그렇듯이 단순한 일을 끝까지 반복하는 것이 비결이며 주의할 점은 공부 과정에서 '싯디'라고 해서 온갖 신통력을 체험할 수 있지만, 그것은 바라지도 말고 거기에 빠지지도 말고 굳세게 앞으로만 가는 것이 매우 중요하다는 것입니다. 그리고 세상의 프로그램이자 온갖 고정관념, 특정한 입장 또는 위치를 고수함으로써 생기는 관점이나 의견 등을 모두 버리도록 노력하면서 영적 독서를 계속해야 합니다.

이상의 요점은 평생 배우고 읽은 것의 결론이라고 해도 됩니다. 결국 고금동서에 걸쳐 인간 마음이 똑같이 생겼다는 것을 받아들인다면 그 모든 가르침의 요체는 같다고 보는 게 맞을 것입니다. 다만 정상에 오르신 분들이 문화와 언어에 따라 표현을 달리했기에 많은 길이 있는 것처럼 보일 뿐입니다.

오늘날 이 길에 들어서는 것을 방해하는 요인은, 무언가 쟁취하고 성공하여 이러저러한 요건이 채워져야 행복할 것이라고 세뇌하는 온갖 프로그램과, 깨달음처럼 어려운 일이 내게 가능하겠는가 하는 의심입니다. 그래서 마하리쉬 님은 '깨달음이란 내게는 먼 얘기다.', '쉬운 일이 아니다.', '참나를 알기 위해 극복할 게 너무 많다'와 같은 생각을 모두 버려야 한다고 합니다.

7세기에 이 길을 안내한 승찬 스님도 '진리에 이르는 길은 어렵지 않다. 분별하는 마음을 없애면 된다.'고 했습니다. 창세기 신화는 선악 분리의 이원적 세계로 들어서기 전의 상태가 바로 천국이라는 것을 말하고 있습니다. 거기에 이르는 길은 바로 내면에 있으며 소아를 부인하는 데 있다고 말씀하신 분이 바로 그리스도이고 소아를 부인하는 방법은 명상을 통해서 생각과 감정의 영향에서 완전히 벗어나 내면에 존재하는 신성의 인도대로만 사는 것입니다.

갓난아이에게서 볼 수 있는 '신적 환희의 표현'인 우리 존재가 지금 여기에서 행복을 느끼며 살다가 우리가 나온 근원으로 돌아가는 것만이 우리가 사는 이유입니다. 진화와 몸의 생존을 위해 장착된 에고를 완전히 이해하고 그것을 다스리는 데 통달함으로써 언제 어디서 어떤 조건에서나 행복을 누리는 일은 '천국이 너희 안에 있다.'는 말씀을 곧이곧대로 믿고 실천해내는 데 있습니다. 그것을 체험하기 시작하면 어제 죽은 것보다 오늘 죽는 것이 다행이고 언제 죽어도 좋다는 생각이 듭니다.

19. 극기복례와 명상

불교와 기독교 가르침도 그렇지만 높은 정신에서 나온 가르침이 세속권력의 존립 근거로 쓰이는 순간 그 깊은 맛을 잃어버리고 속물적인 것이 됩니다. 극기복례란 말도 속물적이고 상투적인 게 되어서 몸을 괴롭히는 일에까지 쓰이지만 그 본뜻을 제대로 일러주는 이가 드뭅니다.

제가 파악하는 한 극기복례는 성리학의 비조라 할 수 있는 이고 선생의 복성서가 압축 요약한 멸정복성과 대동소이한 말입니다. 즉 에고(情)를 소멸하여 참나(性)로 돌아갈 때 비로소 인간은 존재의 근원을 향하여 나아가게 되고 당연히 고통이 그치고 참된 복락이 무엇인지 알게 된다는 가르침이 들어 있습니다.

한편 예란 천리(天理)이고(탄허록 133쪽) 천리라 함은 바로 하늘의 명이기도 한 성(性)과 다르지 않습니다. 칠정 가운데도 부정적인 것들은 시기심, 앙심, 험담 등인데 이것을 더 압축해 놓은 말이 불교의 삼독입니다. 즉 탐내고 애갈 하는 마음과, 성내는 마음, 그리고 진리에 무지한 것, 다른 말로 탐진치입니다.

그런데 삼독을 멸하는 일은 소아의 노력만으로는 불가능하다는 것이 정설이므로 신성의 도움을 얻으려는 방편이 명상과 기도입니다. 깊은 침묵과 고요 속에서 에고가 내는 생각을 끊어버릴 때 비로소 하늘의 도움을 얻을 수 있기 때문에 침묵 속에서 신령한 직감의 안내를 받고자 하는 것입니다. 모세가 산 위에서 답을 얻은 것도 바로 이 방편이고 그리스도 역시 수시로 산에서 홀로 명상하셨습니다.

현대 과학도 생각에 에너지가 있으며 억누르거나 숨긴 감정 속에 수많은 부정적 생각이 녹아 있어서 그 모든 것을 찾아서 내려놓지 않으면 병이나 갈등, 불화 등의 모습으로 언젠가는 반드시 밖으로 튀어나온다고 합니다. 그러니 명상은 스트레스와 질병의 치유와 예방, 인간관계의 개선, 나아가 임종 시 최적의 상태에서 확신을 가지고 죽을 수 있는 유일한 수단이라고 생각합니다.

저는 명상의 보조 수단으로서 호킨스 박사의 놓아버리기가 크게 도움이 된다고 생각합니다. '놓아버리기'는 불가에서도 핵심 수행법 가운데 하나입니다. 6바라밀 가운데는 인욕바라밀에 가장 가깝다고 생각합니다. 다음 구절이 도움이 되길 바랍니다.

"거의 모든 명상법은 마음을 침묵시키는 것을 목표로 합니다. 이것은 시편의 '침묵하고 내가 신임을 알라'는 말씀의 기반입니다. 대부분 명상가가 발견한 대로 마음의 침묵을 달성하는 것이 명상의 주된 과제입니다. 억압된 감정이 계속해서 생각을 만들어내고 생각은 명상의 주된 장애물이기 때문입니다. 따라서 억눌린 감정의 배후에 놓인 에너지를 인정하고 내려놓으면 명상의 목표를 달성하기 쉬워집니다.

꼬리를 무는 생각의 배후에 있는 감정을 찾아내어 놓아버리면 꼬리를 무는 생각은 바로 그쳐버립니다. 지속적으로 놓아버림으로써 마음이 지극히 고요해진 상태에 도달할 수 있습니다. 이 수행은 매일의 과업을 하면서 할 수 있는데 그렇게 하면 명상할 수 있는 능력이 크게 확대됩니다. 대개의 명상법은 하루 중 몇 분이나 몇 시간씩 하는 것으로 되어 있지만 지속적으로 놓아버리기를 하면 높은 의식 상태에 도달할 수 있습니다."

20. 의식 성장과 깨달음

수행이라 하면 왠지 친근하지 않고 오늘을 사는 생활인과 관계가 없는 것 같이 느껴져 저는 의식 성장이란 말을 즐겨 씁니다. 우리 존재의 참된 실상은 의식이며 이승이나 다음 생을 연결하는 것도 의식입니다. 마하라지 님은 우리가 죽을 때의 의식 수준이 다음 생의 출발점이라고 합니다. 호킨스 박사의 책 '신의 현존 탐구(Discovery of the Presence of God)'는 '내 안의 참나를 찾아서'라는 제목으로 번역되어 있습니다. 이 책의 요점이 될 만한 여섯 구절을 뽑아 주석을 붙여봤습니다.

1)"우리는 말과 행동이 아니라 영적인 성숙으로 세상을 변화시킨다. 그러므로 영적인 세계를 추구하는 모든 이들은 세상에 기여하고 있는 것이다."

이것은 평생 봉쇄수도원에서 생활했던 기독교 성인들이나 선불교 수행승들이 오늘날까지 우리에게 끼치는 영향을 생각해 보면 이해할 수 있습니다. 모든 의식은 하나로 연결되어 있기 때문에 내 의식을 정화하고 향상하는 것은 바로 전체의식에 영향을 미칩니다. 세상의 변화를 위해 외부 활동에만 의지하는 게 위험한 이유이기도 합니다.

2) "의식이 한 단계씩 상승할 때마다 새로운 기쁨이 찾아들고 의식의 도약이 이루어진다. 의식이 향상됨에 따라 삶의 질이 높아지고 안정감이 더해진다."

이것은 이 일에 몰입해온 제 체험으로 증언할 수 있습니다. 다른 재주가 없어 오직 의식 향상 노력에 집중했는데 경제를 비롯한 의식주와 건강 및 인간관계 모두 개선되었습니다. 외적 환경을 바꾸기 위해 전심전력하는 것보다 훨씬 효과적인 것 같습니다.

3) "깨달음을 추구하는 에고나 '나'라는 정체는 없으며 추구하고 탐구하는 것은 의식의 비인격적 측면임을 깨닫는 것이 수행과정을 훨씬 수월하게 해준다."

창조와 진화는 신의 일입니다. 제가 읽은 스승들 모두 같은 말을 하고 있습니다. 그러니 모든 것을 신께 맡겨버리라는 말로 바꿀 수 있습니다. 동양 영성에서 무아가 되라고 하는 메시지도 이 말씀과 같은 취지라고 봅니다.

4) "'참존재'의 사랑이 전해질 완벽한 통로가 되려면 완벽하게 포기해야 하고 영적인 자아를 추구한다는 목표를 버려야 한다. 그런 뒤에는 기쁨 자체가 영적 노력의 기폭제가 된다."

영적 노력에 있어 자아 포기는 동서 영성에 필수 공통 사항으로 보입니다. 특히 마태오 16장 24절은 자아를 부인하라 또는 잊어버리라고 합니다.

관련해서 마이스터 에크하르트의 재미있는 표현이 있어 가져옵니다. "당신이 모든 것에서 멀어지면 멀어질수록 하느님은 더욱더 자신의 모든 것을 가지고 들어오시며 그곳에서 당신은 당신을 완전히 버리게 된다. 이것은 동일한 교환이며 합법적인 거래다. 이를 통해 당신의 가치를 인상하고 당신이 치르기를 원하는 모든 값을 지불하라. 그러면 당신은 어디에서도 찾을 수 없는 진정한 평안을 발견하게 될 것이다. (훈화)"

5) "몸은 그저 존재하는 모든 것의 한 부분에 불과하다. 몸은 그저 방 안에 있는 다른 것과 동등한 '그것'에 불과하다."

이 몸을 그저 다른 사람의 몸처럼, 또는 하나의 사물처럼 무심하게 볼 수 있을 때까지, 세뇌받아 습득한 관념을 벗어나야 의식이 진화하는 것이라는 말입니다. 저는 이것이 오로지 의식으로만 존재하는 훈련을 통해서 가능하지 싶습니다. 그래서 혜거 스님이 말하신 바의 명상은 마치 죽은 상태를 체험해 보는 노력입니다. 이 훈련이 잘되면 몸을 버린 후의 존재 상태를 미리 겪어보는 것이 될 것입니다.

6) "깨달음이 일어날 때 나라는 생각과 느낌은 참나로 용해되며 그것은 돌연히 일어나는 지복상태다. 그것은 은총에 의해 일어난

다. 인내하고 기도하며 믿고 맡길 때 그러한 상태는 촉진되고 결국에는 이런 일이 일어난다."

그런데 우려하는 것처럼 몸을 버린 상태는 두려움과 고통의 상태가 아니고 지복상태가 될 것임을 엿볼 수 있는 말입니다. 이 점은 모든 임사체험자들이 증언하는 것과 같습니다. 그런 의미에서 의식을 끝없이 상승 진화시켜 궁극의 깨달음에 이르는 노력은 임종을 위한 가장 좋은 준비라고 생각합니다.

21. 진여문으로 들어가기

부처님 오신 날 KBS의 '원효 - 돌아보다' 특집을 보고 구입한 은정희 님이 번역한 '대승기신론 소와 별기'를 1회독 했습니다.

책의 3/4이 한마음의 두 현상이라 할 수 있는 심진여와 심생멸에 대한 설명이고 나머지는 생멸문에서 진여문으로 들어가는 과정을 설명한 것입니다. 진여문으로 들어가는 데 가장 중요한 것이 결국 내가 있다라거나, 내것이란 것 또는 바깥 것들이 실체라고 하는 고정관념을 타파하는 것(對治)이라고 읽었습니다.

우선 번역을 옮기고 해설을 붙여볼까 합니다. "사집(邪執)을 대치한다는 것은 일체 사집이 모두 아견(我見)에 의하는 것이니 만약 나를 여의면 곧 사집이 없는 것이다.(책 316쪽)"

아견에는 모든 것을 주관하는 나라는 것이 있다고 보는 '인아집'(또는 아집)과 일체가 자체성이 있다고 보는 '법아집'(또는 법집)의 두 가지가 있습니다. 우리가 발심해서 수행하기 전까지 세상에서 내게 입력된 것 가운데 의식 무의식에서 내 것으로 택한 것들이 아집과 법집입니다.

요컨대 7세기 동아시아 전체는 물론 중앙아시아 지역에까지 전파된 원효의 책에서나 20세기 미국의 수행자 호킨스의 책에서나 깨달음으로 가는 입문에서 공통으로 강조되는 점은 명상을 통해서 나라는 존재를 잊어버리고 외부 현상 모두 환상으로 보라는 것입니다.

22. 회광반조

저를 형성한 두 가지 문화 기조는 기독교와 유교입니다. 초등학교 5학년 때 어머니를 따라 천주교 세례를 받았으며 집안 제사 때마다 아버지 따라 큰아버지 댁엘 다녀오는 생활을 아버지가 살아계실 때까지 했습니다. 하지만 두 종교의 폐해는 주지하듯이 전자의 경우, 영원한 징벌에 대한 두려움 고취와 선민의식, 그리고 선악의 명확한 분리를 들 수 있고 후자의 경우, 계급차별과 형식주의, 그리고 가족주의를 들 수 있습니다.

두 종교의 핵심엔 가장 높은 의식을 구현한 스승들이 진짜 체험하고 가르치려 했던 것이 있는데 그것을 탐구하고 가르치기보다 습관적인 예식을 되풀이하면서 세상의 외양을 구축하는 데 쓰임으로써 세속화의 폐해를 크게 드러내고 있습니다.

하지만 유명한 서양 속담대로 이들 폐해를 내버리기 위해 스승들의 깊은 영성까지 내버리는 것은 목욕물과 함께 아이를 내다 버리는 게 됩니다. 더러워진 목욕물만 내버리는 길은 선종의 스승들이 실천한 대로 '의식을 안으로 돌려 거꾸로 비추는 일(回光返照)'에서 찾아야 한다고 봅니다. 안으로 가지 않는 의식은 밖으로 달려가 경쟁과 차별화와 형식주의를 피할 수 없기 때문입니다. 제가 해보니 처음엔 10분 동안 아무것도 하지 않고 앉아 있는 것이 불가능에 가깝습니다.

하지만 운동선수와 악기 연주가가 하듯이 매일 규칙적으로 시간을 투입하지 않으면 전혀 효과가 없습니다. 매일 열심히 하더라도 수시로 벽을 만나고 온갖 어려움이 기다리고 있습니다. 대부분의 사람이 몸과 마음으로만 살다가 고난을 당합니다. 하지만 몸과 마음과 영으로 되어 있는 우리 존재가 이 세 차원에서 조화를 이루며 살지 못하면 누구나 벽에 부딪히는 것은 그저 법칙일 뿐입니다.

제가 영어 듣기를 위해 이리저리 검색했더니 무조건 매일 15분 이상 훈련하라고 합니다. 이승 삶을 최선으로 해나가기 위해서뿐 아니라 영원히 계속될 다음 차원의 삶을 위해서 무조건 매일 시간을 내는 것이 필요합니다. 한 가지 기능을 습득하기 위해서도 매일 훈련을 마다하지 않으면서 영원한 삶이 걸린 과제를 등한시한다는 것은 참으로 어리석은 일입니다. 환생을 말하지 않는 스승은 없습니다. 수십, 수백의 삶을 반복하면서 우리가 추구해서 마땅한 것은 끝없는 상승이건만 대부분의 사람은 단판 승부인 듯 삽니다.

23. 의식

소크라테스가 설파한 동굴의 우화는 금강경에서 모든 것은 몽환포영노전(夢幻泡影露電)이라고 한 말씀과 같다고 생각합니다. 그러면 그림자가 생기게 하는 실체는 무엇입니까? 제 공부의 결과 그것은 의식입니다. 요컨대 세상 모든 현상을 낳는 실체는 의식이며 의식이 곧 창조의 동력입니다. 한편 우리는 창조의 결과를 체험하는 의식이기도 합니다.

우리 의식은 신 의식을 나누어 받은 것이라는 점에서 우리 존재를 분유(分有)라고 합니다. 신 의식이 무한 다양하게 펼쳐진 모습을 우주라 할 수 있습니다. 그러니 신 의식은 우리 존재의 재료이기도 합니다. 대승기신론에서 일체가 한마음이라고 할 때도 이러한 진리를 말하는 것으로 생각합니다. 의식을 돌보는 것이 왜 중요한지는 마하리지 님에 따르면 이번 생에서 도달한 의식으로 다음 생을 시작하기 때문입니다.

유교의 수양론이 우주론과 심성론을 바탕으로 펼쳐지는 것도 저러한 깨달음 때문이라고 봅니다. 제가 공부하는 '그리스도의 편지'도 위와 같은 우주론과 의식에 관한 진리를 반복적으로 설하고 있습니다. 또한 이번 생에서 의식을 최대한 높여가자는 것이 화엄경 보살사상이라고 생각합니다.

제가 공부하는 영성은 유불선의 종합인 신유학 영성과, 현대 서양 영성인 기적 수업, 그리스도의 편지, 신과 나눈 이야기 및 호킨스 박사 영성인데 그 모두 같은 생각을 설파한다고 봅니다. 보살이 지극한 의식의 높이에 다다랐지만, 거기에 머물지 않고 지옥에 있는 한 사람까지 구하러 온다는 사상은 그리스도의 재림 사상과 같다고 봅니다. 그리스도 역시 인간 의식의 가장 높은 곳에 다다랐지만 세상 말기는 물론 지금 이 시각에도 끊임없이 재림한다고 볼 수 있습니다.

요점만 간단히 말하면 우리도 의식을 돌보는 일에 전념하여 보살의 대비(大悲)에 도달하거나 같은 얘기지만 그리스도 의식에 도달하여 세상을 비추는 빛이 되는 것만이 사는 목적이라고 봅니다. 나머지는 모두 덤이라고 보면 좋습니다.

23. 집단의식 바꾸기

미디어를 접하다 보면 끝없이 어둠과 불화 쪽으로 이끄는 세력이 느껴집니다. 그래서 대승기신론은 불퇴위에 도달하지 않으면 안 된다는 것을 강조합니다. 불퇴위란 명상을 통해서 진여를 체험해서 아는 경지를 말하며 그때 비로소 진여의 힘으로 최고위 보살인 10지까지 가게 됩니다. 물론 진여를 체험한 후에도 더욱 열심히 6바라밀을 실천해야 하지요!

개인으로든 집단으로든 우리에겐 양자택일밖에 없습니다. 빛이냐 어둠이냐, 천국이냐 지옥이냐 하는 것입니다. 집단 상황에 대해서는 게 효과(crab effect)라는 게 있습니다. 누군가 지옥을 탈출하려는 기미가 있으면 반드시 끌어내리는 세력이 있다는 것입니다. 요즈음 뉴스를 보면 그 힘이 맹렬하다는 것을 느낍니다.

답은 명료한 것 같습니다. 부정적인 집단의식을 바꾸어야 하며 그러기 위해 개별 의식이 강해져야 하고 강해진 의식들이 동조 내지 공조해야 합니다. 개인으로선 호킨스 님 말씀처럼 매 순간 천국의 선택을 해야 합니다. 매 순간 단 한 번도 부정적 선택을 하지 않기 위해서는 불교도라면 진여문에 들어야 하고 기독교도라면 성령을 체험해야 합니다. 그러고 나서 오직 선만을 선택해야 합니다. 신유학은 자기를 속이지 않는 완전한 투명성(至誠)과 언제나 최고선에 도달하기(至於至善) 위한 선택을 하고 그것을 꾸준히 유지하라(擇善固執)는 가르침을 그 핵심에 두고 있습니다.

어둠을 탓하기보다 나 하나가 촛불을 켜듯 매 순간 올바른 선택을 해야 합니다. 그렇게 의식이 높아지면 촛불 하나가 밝히는 넓이가 커지듯 세상은 빠르게 밝아질 것입니다. 이 일은 악을 규정해서 성전(聖戰)을 벌이는 일이 아니라 반딧불이의 개체 수가 늘어난 만큼 어두움을 몰아내는 일에 가깝습니다. 그래서 그리스도의 재림은 번개처럼 닥친다고 했습니다. 그 번개를 우리가 만들어야 합니다.

24. 생각을 끊는 수련

대승기신론과 마하리쉬 님의 말씀을 인용합니다.

지(止)를 닦는다면 고요한 곳에 머물러 단정히 앉아서 뜻을 바르게 하되... 일체의 모든 상념을 생각생각마다 다 없애고 또한 없앤다는 생각마저도 없애야 한다... 마음이 만약 흩어져 나간다면 곧 거두어 와서 정념(正念)에 머물게 해야 할 것이니 이 정념이란 오직 마음뿐이요 바깥 경계가 없음을 알아야 할 것이다... 이 모든 때에 항상 방편을 생각하여 수순 관찰하여 오래 익혀 익숙하게 되면 그 마음이 머물게 된다. 마음이 머물기 때문에 진여삼매에 수순하여 번뇌를 깊이 조복하고 신심이 증장하여 속히 불퇴전의 경지를 이룬다.”

“어떤 생각이 일어나면 그 즉시 ‘나는 누구인가’를 탐구하여 그것이 사라지게 해야 한다. 진아를 깨달을 때까지 완전히 진아에 몰입하는 것이 최상의 방법이다. 요새 안에 적이 남아 있는 한 그들은 언제고 다시 공격해 오겠지만 나타나는 족족 없애 버리면 요새는 결국 우리 수중에 떨어질 것이다."

2세기에 저술된 대승기신론의 말씀과 20세기 성자로 일컬어지는 마하리쉬 말씀이 그 취지가 같은 것은 인간의 마음이 똑같게 생겼기 때문이라고 생각합니다. 위에 말한 불퇴전의 경지는 마치 마라톤의 시작과 같습니다. 왜냐하면 의혹하고 불신하고 비방하고 중죄업장을 짓고 아만과 해태한 사람은 아예 이 일에 참여하지 않기 때문입니다(은정희 역 대승기신론 소와 별기, 375쪽).

그렇게 해서 몸에서 나오는 5감과 마음으로 된 6식이 사라지면 꿈과 잠재의식 등에서 유혹으로 체험되는 7식이 드러나는데 신통력과 삼매로써 사도(邪道)에 들게 합니다. 이것들은 세간의 명리와 공경에 탐착한 마음에서 나오는 것으로 그 모두를 배척하고 나아가야 한다는 것을 그리스도가 겪으신 세 가지 유혹에서 배울 수 있습니다. 그러니 신통력과 삼매에도 집착하지 않아야 합니다.

요점은 생각을 끊는 수련이 공부의 시작이며 대개 마하리쉬 님의 '나는 누구인가'를 철저히 탐구하는 길, 끝없이 신의 이름이나 '나무아미타불'을 외는 만트라의 길, 나라는 생각과 느낌이나 떠오르는 모든 생각에 대해 '모른다' 또는 '이 뭐꼬'를 외면서 버리는 길, 호흡을 관찰하는 길 등이 있습니다.

25. 의식 수준과 행복

　호킨스 박사의 의식지도에 따르면 의식 수준이라 함은 의식의 장(場)이 계층을 이루고 있음을 전제합니다. 이 장에 인간의 감정을 가져다 이름 붙인 것입니다. 의식의 장은, 끄는 힘이 있어서 끌개장이라고도 하는데 유유상종의 법칙에 따릅니다. 우리가 자부심의 장에 올라타 있다면 거기에 맞는 생각이 주조를 이루게 됩니다.

　또한 박사님의 책 '놓아버리기'에 따르면 한 가지 감정에서 수천, 수만의 생각이 나옵니다. 그래서 한 가지 감정을 최고조로 느껴본 다음 내버리는 방법으로 수많은 생각을 내버릴 수 있습니다. 이때 마음에 걸리적거리는 게 있으면 그것을 적어보는 방법이 큰 도움이 됩니다. 그렇게 많은 감정을 내버리면서 상향 이동을 하게 되면 주조가 되는 감정이 바뀝니다.

　아울러 명상을 통해서 생각들을 하나하나 버리면 보다 높은 의식에서 나오는 생각들로 바뀌면서 '나'라는 것이 참나(眞如)가 아님을 느끼고 보다 고차원의 의식이 찾아들어 점점 기쁨과 평화가 증진됩니다. 이때 드는 고차원의 의식을 대승기신론에서는 진여삼매 또는 일행삼매라고 합니다.

　이 과정을 훈련하여 내가 없어지는 경지가 되면 비로소 신이 이 몸을 지어 체험함으로써 자신의 장대함 또는 장엄함을 알고자 한다는 깨달음이 들며 주체 의식이 바뀔 수 있습니다. 그렇게 되면 과거의 죄스럽고 지저분한 체험도 문제가 될 수 없습니다. 모든 게 있는 그대로 완벽한 것입니다. 지금 실제로 그렇게 알고 이해하며 연출할 수 있으면 돈오를 했다고 할 수 있습니다.

이 공부가 하나로 꿰어져서 마음대로 하여도 걸리는 게 하나 없이 자재한 경지를 공자님은 '종심소욕불유구'라 하신 것입니다. 제대로 꾸준히만 가면 경제 환경, 인간관계 등등은 저절로 좋아지는 것을 확인할 수 있습니다. 설혹 천재지변으로 존재가 위협받더라도 내가 신 또는 부처라는 주체 의식이 확연하다면 두려워할 것이 없게 됩니다. 모든 것은 의식이며 지금 이 순간의 의식이 내 미래를 창조하고 그것을 체험할 뿐입니다.

26. 수행과 사회과학

원효대사 이후 약 9세기만에 이 땅에서 치열한 삶을 사신 서산대사의 선가귀감은 전심법요와 원각경 등에서 핵심 구절을 체계적으로 뽑아놓은 소책자입니다.

선가귀감에서도 핵심을 뽑으라면 49편 "참마음을 지키는 것이 최선의 수행이다(守本眞心 第一精進)"과 51편 "예배란 경이요 복이니 참본성을 공경하고 무명을 굴복시키라는 말이다(禮拜者敬也伏也 恭敬眞性 屈伏無明)"입니다.

여기서 참마음 또는 참본성이란 절대성 자리 또는 순수 의식이나 신 의식 등 무엇으로 부르든 궁극의 실재입니다. 우리의 평소 의식, 즉 에고가 이 자리를 공경하는 것 – 이 지점이 모든 종교에 공통하는 요소라고 봅니다.

사회과학을 전공한 자로서 제가 궁구해보니 대승이나 성리학이 지향하는 바를 이루고자 하는 것이 사회과학입니다. 즉 에고를 사(私)로 놓고 궁극의 실재(實在) 자리를 공(公)으로 놓으면 그렇게 됩니다.

결국 사를 버리고 공의 자리에서 평천하를 하려는 점에서 대승이나 성리학, 그리고 사회과학이 지향하는 바는 같다고 봅니다.

27. 에고로부터의 자유

'에고로부터의 자유'라는 책은 제 회두 시점에 우연히 비슷한 공부를 하는 분께 소개받았는데 영적으로나 경제적으로나 위기에 빠진 저에게 울림이 커서 거의 씹어 먹듯 읽고 또 읽었습니다. 기적 수업 교사들이, 가르침의 요점만 정리해서 소개한 책이기도 합니다. 원제목은 'Take me to Truth - Undoing the Ego'이어서 역시 멸정복성으로 번역해도 틀렸다고 말할 수 없습니다. 거기에서 크게 도움받은 몇 구절을 새겨볼까 합니다.

1) "우리는 이 지구에 온 '유일한' 목적이 영적인 것임을 발견하고 깨닫게 될 것이다. 무한한 본성, 통합된 자아에게 돌아가는 것이야말로 인간으로 태어나 이생에서 할 수 있는 가장 강력하고 가장 유익한 행위다."

위 인용문에서 '통합된 자아'란 대승기신론의 '진여', 플로티누스의 일자(Oneness)와 같다고 보아서 '참나'로 써도 된다고 봅니다. 동서 최고의 철학서들이 추구한 바는 이원성을 극복한 자리, 즉 진여, 일자, 참나를 체험하는 데 있다고 봅니다. 그 이전에는 우리의 무한한 욕구가 만족할 수 없기 때문입니다.

그 길의 입구는 고요히 앉아 생각을 끊는 훈련을 규칙적으로 하는 것밖에 없다고 생각합니다. 안으로 가지 않는 의식은 밖으로 갈 수밖에 없기 때문입니다. 밖의 것들은 의식의 반영일 뿐입니다.

2) "그리스도 의식이라는 더 높은 단계로의 복귀를 많은 이들은 '재림(second coming)'으로 여기고 있다... 우리 모두는 영겁 전에 폭발한 우주 거울의 무한한 조각들이다. 우리는 우리가 진정 누구이며 존재 이유가 무엇인지를 잊어버렸다. 이제 우리 임무는 우리 본래 모습을 기억해내는 것이다.

만일 그리스도의 물리적 재림을 기다린다면 우리는 교회에 속았거나 유치한 의식에 머무는 것이라고 생각합니다. 현대 많은 서구인은 재림이란 우리의 깨달음이라고 합니다. 그리스도 의식의 주파수는 아주 높아서 낮은 주파수 대역에 존재하는 육체에 들어오면 그 육체는 해체되어 버린다고 합니다. 즉 육체는 그 의식을 담을 수 없다는 얘기입니다.

많은 이들이 진리를 제대로 깨달아 의식이 확연히 상승한다면 지구 표면은 바뀔 것입니다. 이 깨달음의 시작은 우리의 진정한 정체성이 무엇인지 아는 데 있다고 봅니다. 제가 읽은 한도에서 답하자면 신 의식이 자신을 쪼개어 이 몸을 만들고 이 몸을 통해 자신의 장엄함을 기억해내고 체험하는 존재가 바로 우리입니다. 신학적으로는 만유가 신이고 우리는 신의 분유(分有), 혹은 분신입니다.

3) "에고가 소멸되고, 분리와 고통을 초래하던 환상이 '애초 그것이 나온 무(無)' 속으로 사라지는 경험을 하게 될 것이다. 에고 소멸(undoing)은 거룩한 기억의 과정이다. 이 과정을 이끄는 것은 참나(Universal Inspiration or Holy Spirit)이며 성공 여부는 전적으로 당신의 정직성과 용기, 의지와 자발성, 그리고 헌신에 달려 있다."

우리가 체험하는 고통의 원인은 우리 존재가 분리되어 있다는 환상에 있다는 점과 이 환상이 터하고 있는 '나'라는 생각이 사라지면 우리 손새의 근원을 일게 되는데 이깃이 깨달음이라 할 수 있습니다. 우리에게 필요한 것은 의지와 결단, 그리고 참나에게 모든 것을 맡기는 일입니다. 그 과정에서 절대적으로 필요한 것은 철저히 진실에만 복무하는 일입니다.

우리의 진정한 정체성은 참나이며 그 자리를 언제나 의식하며 에고(小我)를 잊어버리는 일은 마태복음 16장 24절에서 '자신을 부인하고 나를 따르라'는 말씀으로, 장자에서는 좌망(坐忘)으로 정식화되어 있습니다. 위 인용문에서 강조되는 바의 정직성이 바로 유교의 성(誠)이며 이 성이란 우주가 통으로 하나여서 그 안에 한 번 새겨진 것은 영원히 남는다는 인식에 기반하는 것입니다. 중용이 성에 대해 그토록 강조해서 말하는 까닭도 여기에 있다고 봅니다.

4) "다른 이에게서 찾아내는 것이 무엇이든 우리는 그것을 우리 안에서 더욱 고집한다. 그래서 지혜에 따르면, 에고가 숨기는 것을 깨닫고 싶다면 내게는 없고 남에게 있다고 뚜렷이 확신하는 것을 더 잘 살펴보라고 합니다."

이 말씀은 칼 융의 처방에 맞닿아 있습니다. 융은 '남에게 무언가 내 화를 돋우는 게 있다면 그 점에 있어서 내게 문제가 있다는 표시다.'라는 취지의 말을 했습니다. 내게 절대로 문제가 없다고 믿으면서 그것을 밖으로 투사하였기 때문에 나는 자신 있게 화를 내는 것입니다.

에고를 다루고 그 손아귀에서 벗어나는 일은 지난한 일입니다. 제 경험에 따르면 에고에서 벗어나는 만큼 우리 의식이 향상하는데 전심전력을 기울이더라도 그 속도는 아주 느립니다. 어려운 시험에 붙고 직장에서 승진하는 일에는 전심전력을 기울이지만 내 존재 상태를 개선하는 일은, '내 삶이 세상에 통하는데 무슨 문제야!' 하는 생각으로 별로 신경 쓰지 않았지요!

결국 노숙자가 될지도 모른다는 위기의식에서 힘겹게 한 계단 한 계단 기어 올라가는 기분으로 매일 의식 상태를 노트에 적고 치유를 줄 만한 책을 읽으면서 노력했더니 지금은 산 중턱의 시원한 공기와 먼 경치를 즐기면서 정상을 바라볼 만하게 되었습니다. 결국 몸을 버린 후의 의식까지 돌보지 않으면 안심하기는 이르다고 생각합니다.

5) "부정적인 감정이 떠오르면 위험 신호임을 깨닫고 그것이 우리에게 어떤 말을 하려고 하는지 주의 깊게 살펴야 한다"

부정적 감정은 낮은 의식의 징표입니다. 의기소침, 슬픔, 공포, 욕망, 분노, 교만 등은 특별히 신속히 확인하고 내버려야 할 감정들입니다. 이 감정들은 순전히 진화과정에서 생존을 위해 작동하는 것들입니다.

부정적 감정을 내버림으로써 의식을 상승시키는 방법으로는 로버트 프로세스 또는 호킨스 놓아버리기가 있습니다. 요컨대 해당 감정을 최고조로 느껴본 다음 의도적으로 결별하는 것입니다. 이렇게 낮은 수준에 사로잡혀 있을 때는 벗어나는데 시간도 걸리고 잘 안 된다는 느낌이 있지만, 노트를 마련

해서 기록해가며 꾸준히 시도하면 결국 벗어날 수 있습니다.

과거에 대해 우리가 할 수 있는 일은 어떻게 바라보느냐 하는 선택밖에 없습니다. 빨리 감정적으로 결별하고 지금 이 순간부터 긍정적 선택, 즉 빛과 사랑, 기쁨 쪽의 의식을 작동하면 이 순간 이후 거둘 현실을 위한 씨앗을 심는 것입니다. 그저 있는 그대로 완전히 받아들이고 산 위로 한 걸음, 한 걸음 올라가듯 힘겹게 올라가면 과거라는 풍경은 서서히 멀어지면서 달리 보이기 시작합니다,

28. 탄허록 학습

1) "정치, 경제, 문화 등 모든 분야에서 도(道)가 없으면 부패하기 마련이다. 도는 시공이 끊어져 욕심이 없는 상태다. 이러한 이치를 알아 각 분야에서 도를 실천할 때 올바른 정치가 나오는 것이다"

도에 대한 탄허 스님의 간결한 정의가 돋보입니다. 시간과 공간이 끊어졌다는 것은 생멸문에서 벗어나 진여문에 들어간 경지입니다. 즉 명상으로 희로애락이 나오기 전인 중(中)의 상태를 체험하고 6바라밀 또는 4단을 자재하게 구현할 수 있는 경지입니다.

서경의 16구가 지칭하는 미약한 도심(道心)으로 위태로운 인심(人心)을 극복하였기에 사(私)가 없이 공(公)에 따라 살 수 있는 경지입니다. 이 정도의 기본 교양은 삼국 시대 이래

이 땅을 거쳐 간 지성들이 이미 설파하였건만 도에 대한 교육이 끊긴 지 오랩니다. '신기독 수기중'이란 고요히 홀로 내면을 들여다보는 거경(居敬)의 실천을 말합니다. 이때 얻어지는 중이 천하지대본이라고 쓰여 있건만 어설프게 서양 종교를 받아들이고 겉만 흉내 내느라 무엇이 긴요한지 모르고 다 내다 버렸습니다.

기초과학 없이 응용과학 없듯이 도의 교육 없는 학교 교육은 무력합니다. 그동안 암기만 능한 사람들이 중요한 자리를 차지하게 만듦으로써 성적순으로 심하게 나라를 망치게 만든 것을, 사법부 부패가 증명하고 있습니다. 정치와 언론의 어지러움은 두 말할 것도 없습니다.

2) "상근기의 삶이란 대인군자, 즉 우주와 자신을 함께 잊고(物我兩忘) 예(禮)로써 사는 성인의 경지를 말한다."

탄허 스님에 따르면 예란 천리(天理)입니다. 기독교도 그렇지만 예식이나 전례를 지탱해주는 높은 의식을 모르면 바로 형식의 괴물에 농락당합니다. 조선의 유학자들도 가르침을 빌어 가문의 재물 지키기로 사용한 도적질에 여념이 없었습니다. 오늘날 기독교 영성을 빌어 바벨탑을 쌓는 일도 똑같은 맥락입니다.

하여튼 천리에 따라 사는 삶의 전제 조건은 나와 세상을 잊으라는 것인데 거경은 그 목적을 달성하기 위한 노력입니다. 항상 깨어 '생각이 끊어진 자리(中)'와 하나가 되는 노력이 바로

'중을 지키는 것(守其中)'이며 그때 비로소 도와 명덕(明德)에 대하여 경외심을 가지게 된다고 합니다. 도와 명덕의 자리가 요새 말로 하면 궁극의 실재 자리입니다.

중요한 것은 하근기를 지도하는 사람이 성인이냐 소인이냐입니다. 우리는 살면서 대개 소인의 지도를 받았기 때문에 죄와 죄의식이라는 공포심의 인도를 받습니다. 학교나 사회도 그렇지만 대부분의 종교가 소인들로 채워져 있는 것이 비극입니다. 그렇다면 답은 우리 스스로 죽어라 노력해서 상근기의 삶을 살아야 하겠다는 것입니다.

3) "삼강령 팔조목 중에 치지(致知)의 '지'자가 근본인데 이것은 망상을 가지고 아는 것이 아니라 망상이 일어나기 전 본래 아는 것을 이르는 말이다."

'대학'에서 이 부분에 대한 해석에 따라 학파나 당파가 달라질 수 있습니다. 이성으로 따져서 아는 것이냐, 고요히 침잠한 가운데 영감 또는 직감을 떠올려서 아는 것이냐 하는 것입니다. 이고 선생과 탄허 스님은 후자이고 주희는 전자에 가까워 보입니다. 물론 그럼에도 주희가 명상, 즉 거경의 삶을 실천했다는 점은 부인할 수 없습니다.

이성도 우리 존재 근본에 새겨진 로고스를 찾는 도구라고 보면 결국 같은 결론과 실천에 도달하는 것이 맞다고 봅니다. 다만 탄허 스님이 우려하는 바, 바깥세상의 이치에 치우친 망상을 완전히 버리지 못하면 진정한 의미에서 앎에 이르지 못한다고 보는 게 타당합니다.

한편 격물할 때 앎에 이른다고 하는 것을 다른 말로 하면 일이 생겼을 때 판단을 위해 앎에 의지한다고 보자는 게 이고선생의 입장입니다. 선생은 격물을, 사물이 다가온다, 또는일이 생긴다로 해석합니다. 우리 선조 가운데 최고 지성들은 일이 없을 때는 사마디(定)에 들어 있다가 일이 생기면 괘를 뽑아 결정하거나 몰입해서 일을 처리하신 것으로 압니다.

바깥으로만 달리는 의식을 안으로 돌려(회광반조) 거경하는삶이 없다면 수신은 물론 '제가치국평천하'는 구두선일 수밖에 없습니다.

4) "성인은 모든 것이 성(性)의 마음자리에서 나온 것임을 알고쓰기에 불성이니 신성이니 한다. 반면 범부는 모든 현상적 존재가성의 자리에서 나온 것임을 모르고 쓰기에 인간성이라 한다. 이 둘의 차이점은, 성인은 성의 자리에 앉아서 쓰는 것이고 범부는 정(情)의 자리에 앉아서 쓰는 데 있다."

호킨스 요약집이라 할 수 있는 멸정복성(Dissolving the Ego, Realizing the Self)'을 번역하다가 이 제목이고 선생의 복성서와 같네 하는 지점에서 어떻게든 복성서를 번역하자고, 부족한 소양으로 1년 가까이 씨름했습니다. 다행히중국어 해설이 있어 그것을 참고하여 번역을 마치고 나니 김용남이란 분이 복성서에 대한 박사논문을 기초로 두 권의 책으로 낸 것을 알았습니다.

위 두 권의 책을 포함하여 복성서에 대한 해설을 읽어보면 성이란 대승기신론의 심진여, 정이란 심생멸에 해당합니다. 그래서 원효 스님의 '대승기신론, 소와 별기'를 공부했습니다. 이제 도달한 결론은 극기복례, 멸정복성, 거비정화의 가르침이 모두 성의 자리에서 삶이라는 것을 잘 써서 화엄경의 이상인 향상일로의 길을 가자는 데 있다는 것입니다. 성의 자리는 그리스도께서 얘기하는 '내 안에 있는 천국'이며 이 천국을 먼저 누리는 것이 피안으로 가는 뗏목을 얻는 것이라 생각합니다.

2세기에 저술된 대승기신론은 인간 마음에 대한 가장 정통하고 확실한 이론이기 때문에 7~8세기 동아시아 최고의 지성 가운데 한 분인 원효께서 해설을 붙였습니다. 그것이 '대승기신론 소와 별기'로서 중앙아시아와 일본에까지 읽힌 베스트셀러였습니다. 대승기신론 가르침의 핵심인 지관문(사마타+위파사나)을 포함한 5행(6바라밀)을 실천하는 것이 바로 성의 자리에서 마음을 쓰는 올바른 길입니다.

29. 서경 16자구

서경 16자구는 유교 전체를 꿰는 말씀이라고 생각합니다. 구슬이 서말이라도 꿰어야 보배죠! 저는 한 됫박 구슬밖에 모으지 못했지만, 무엇으로 어떻게 꿰어야 하는지(一以貫之) 감을 얻었다고 생각합니다. 물론 그것은 순전히 탄허 스님을 비롯한 여러 스승을 사숙한 덕입니다.

서경 16자구란 '사람 마음은 위태하고 참마음은 미력하다. 정성스레 한결같이 중을 꽉 잡아야 한다(人心惟危 道心惟微 惟精惟一 允執厥中)'는 것입니다. 여기서 중을 제대로 이해하지 못하면 또 실천력이 약해집니다. 우리말에서도 심중, 궁중 할 때 중은 깊은 속을 말합니다.

사람 마음에서 깊은 속이란, 평소 잘 드러나지 않는 도심(참마음으로 해도 좋을 것입니다)으로 보면 좋다고 생각합니다. 왜냐하면 중용은 희로애락이 나오기 전의 상태를 중이라고 하기 때문입니다. 또 중용은 중을 천하를 낳는 뿌리라고 보기 때문에 여기에 삶의 성패가 달려 있습니다. 우리 깊은 속에 있는 참마음은 반드시 홀로 고요히 있을 때만 알아볼 수 있습니다.

그래서 신기독은 이 중을 지키라(守其中)는 말씀입니다. 새옹지마 우화는 우리 깊은 속에 자리하는 도심(참마음)을 꽉 잡고 있을 때 모든 행운과 불운에서 초탈하여 고통을 면할 수 있다는 것을 말해줍니다. 새옹지마는 순전히 세속적으로 해석해도 잘 통하지만 중을 잡은 자는 세상사를 그저 몽환포영으로 보기 때문에 세상사에 절대 일희일비하지 않는다는 것으로 보면 더 좋은 것 같습니다.

중을 꼭 잡았으면 언제나 그 상태에서 세상사를 처리하는 것이 화(和)입니다. 이러한 정신은 동아시아 최고의 처세서로 일컬어지는 채근담(실은 유불선 가르침의 정수를 담고 있습니다.)을 꿰고 있으며 동학에서도 그렇게 가르친다고 합니다. 인용하자면 '일이 있으면 이치로써 처리하고 일이 없으면 고요히 앉아 참마음을 지킨다(有事則以理應事 無事則靜坐存心, 해월 최시형)'는 것입니다.

30. 동서 사상의 정수

동아시아의 사상 또는 학문이란 결국 이 땅에 살던 이들이 이승의 고통을 벗어나면서도 세상 경영을 어떻게 할 것인가에 대한 해법을 추구하는 과정이라고 봅니다. 그 과정에서 이곳에서 발흥한 것으로 추정되는 도교와 유교에 외래 사상인 불교가 더해지면서 통합적인 답을 내었는데 그것이 신유학이라고 봅니다.

그 답을 쉽게 풀면 '규칙적으로 정좌하여 홀로 있는 시간을 가지고 거기서 자명하게 얻어지는 매 순간의 실천방안을 세상에 펼치자'쯤 됩니다. 동아시아 지성인이 수천 년간 실천한 것이 동일한 것으로 생각합니다. 비슷한 결론을 조금 바꾸어 써보겠습니다.

우리 삶에서 성공의 토대는 신인합일을 이루는 데 있으며 그러기 위해 실천적으로는 모든 일에서 최우선적으로 존재의 근원(또는 제1원인, 신 의식, 불성)을 만나야 합니다. 이 경지는 반드시 규칙적인 명상과 그로써 얻어지는 영감에 기초한 자명한 선택을 꾸준히 함(대승의 지관문)으로써 성취될 수 있습니다.

한편 지관문을 포함한 오행(6바라밀)의 실천 동력 내지 인센티브는, 외력이나 에고의 분발, 기타 세상의 인센티브가 아니라 신 의식 쪽에서 오는 기쁨과 평화입니다. 이것이 바로 내면에 있는 천국을 이곳에서부터 누리면서 새로운 세상을 창조하는 비결이라고 봅니다.

저는 유불선뿐 아니라 기독교 텍스트가 이 점에서 일치하는 것으로 읽습니다. 물론 세부 사항과 표현 방법은 무수히 다양하다고 봅니다. 특히 역경(주역)의 실천은 매 순간 변화하는 사물을 만날 때마다 신 의식께 묻고 청하며 자명한 선택을 하기 위한 노력에 다름 아닙니다. 의식을 변화시키고 내 의식에서부터 새로운 창조를 꾀하는 노력이 바깥 현상을 바꿀 것입니다.

31. 종교의 자연사(自然死)

종교에 대한 비판은 다양하지만 호킨스 박사의 "역사적으로 모든 지배층은 청교도 윤리로 사회를 통제함으로써 부와 신분을 확보했다."는 발언을 주목합니다. 여기서 청교도 윤리를 넓게 해석해서 대체로 권선징악과 상선벌악을 핵으로 하는 근본주의 종교를 염두에 두고자 합니다. 비교종교학자이자 신화학자인 조지프 캠벨에 따르면 대개 2세기 전후 페르시아 군사도로 양 끝에서 메시아사상과 미륵 사상으로 대표되는 구세 사상이 기독교와 불교의 핵심 사상이 되었다고 합니다.

불교만 보자면 선비족이 중국을 다스리기 위한 이념 도구로 왕즉불 사상을 채택함으로써 지배 도구로 되었습니다. 그 유적이 대규모 석굴로 남아 있으며 우리나라에서는 석굴암이 그 일환입니다. 이러한 이념 도구가 인류 발전에 기여한 바도 적지 않지만, 어언 15세기 이상 지나는 동안 한계가 분명해지고 있습니다.

상선벌악하는 초월적 권위란 지배층이 자신과 동일시하려는 것이지만 그것이 진리에 어긋난다는 점이 각 종교의 신비주의에 담겨 있습니다. 즉 하늘에서 심판하는 절대자라는 교리는 오류인 반면, 시공을 초월한 신의 능력을 나눠 받은 인간이 자신의 사언행위로 지은 결과를 체험할 뿐이라는 깨달음이 각 종교 전통에서 비주류 또는 이단 취급을 받으며 공존해왔습니다.

결론을 서두르자면 오늘날 로마 교회의 극에 이른 성추문과 한국 불교와 개신교가 현실정치와 깊이 유착하여 물신주의와 부패를 드러내는 것을 볼 때 이념 도구로서 종교는 자연사할 것이 분명하며 전지구적인 과학 혁명과 민주주의 혁명의 자연적 귀결로서 개개인이 진화의 주체이자 통치의 주권자라는 생각이 지배할 것입니다. 다른 말로 의식이 전부이며 의식만이 창조하고 미래를 결정한다는 생각이 진리에 맞다는 것이 제 생각입니다!

32. 정허동직(靜虛動直)과 중화(中和)

주돈이의 통서(通書)는 주희와 이고를 연결하는 고리라고 할 수 있습니다. 즉 주희는 주돈이에 대해 평하길 "선생(周惇頤)의 학문은 그 오묘함이 『태극도설』 하나에 구비되어 있으니, 『통서』에서 말한 것도 모두 이 『태극도설』의 내용이다."라 하는 등 주돈이를 극찬하면서 태극도설을 해설 발전시켰습니다. 김용남 님은 주돈이가 이고의 사상을 이어받았으며 통서의 많은 부분이 복성서의 내용과 일치하거나 흡사하다고 합니다(이고, 성리학의 개창자, 159쪽). 이고를 성리학의 개창자로 보는 것이 중요한 이유는 이분이 불교와 유교의 핵심을 통합적으로 실천하여 스스로 사표가 되고 있기 때문입니다.

각설하고 오늘은 주돈이가 지은 통서의 한 구절을 묵상하고자 합니다. 『"노력해서 상근기가 될 수 있는가?" "그렇다." "무엇이 필요한가?" "하나가 필요하니 그것은 욕심이 없는 것이다. 욕심이 없으면 혼자일 때 텅 비어 있고, 활동할 때 정직하다. 혼자일 때 텅 비어 있으면 꿰뚫어 보고 꿰뚫어 보면 통달한다. 활동할 때 정직하면 투명하고 투명하면 공평하다. 꿰뚫어 보아 통달하고 투명하여 공평하면 거의 성인이다."』(聖可學乎, 曰可, 有要乎, 一爲要, 一者無欲也, 無欲則靜虛動直, 靜虛則明 明則通, 動直則公 公則溥, 明通公溥 庶

矣乎.「通書」, 聖學)

　여기서 금장태 님의 해설을 가져옵니다. "먼저 마음이 고요할 때 욕심이 없어져 마음을 텅 비우면 거울에 사물을 그대로 비추듯이 사물에 대한 판단을 있는 그대로 분명하게 할 수 있다는 것이다." 다음에 "곧음이란 이치를 따라 흔들림이나 굽힘이 없이 곧게 나간다는 것이요 주역에서 '공경함으로써 마음속을 곧게 한다(敬以直內)'는 말처럼 마음을 기울어짐이나 비뚤어짐이 없이 바르게 한다는 것이다."라고 하고 있습니다(비움과 밝음, 224~225쪽).

　저는 이 구절이 중용의 중(中)과 화(和)에 해당한다고 읽었습니다. 홀로 고요히 마음을 텅 비워 희로애락이 나기 전 마음 상태, 즉 중(中)을 지키는 것은 정허(靜虛)에 해당하고, 활동할 때 희로애락이 드러나 상황에 딱 맞는(喜怒哀樂之發而皆中節) 것이 화(和)인데 이것은 바로 동직(動直)에 해당한다고 보는 것입니다.

　여기에서 논란이 될 만한 것은, 금장태 님에 따르면 무욕이란 실질적으로 불가능하므로 주돈이 이래 주자학자들도 완전한 무욕을 얘기한 게 아니라 마음을 완전히 다스리는 경지를 말했다고 하면서 그 다스림은 경(敬)의 실천으로 가능하다고 합니다(위 책, 226쪽). 통속적으로 생각할 때 무욕하면 무능할 것이 우려되는데 실상 명상(敬은 사실상 명상을 말합니다.)의 소득은 무집착과 지혜입니다. 그래서 위 통서 번역에서 저는 '정허즉명(靜虛則明)'을 텅 비어 있으면 꿰뚫어 본다고 했습니다.

위 통서 내용은 인간으로서 최상의 존재 상태로 가는 데 꼭 필요한 것을 중용의 노선을 따라 재론한 것이라고 봅니다. 결국 홀로 고요히 있을 때는 신 의식, 참나, 진아, 진여(모두 궁극의 실재에 대한 표현임)와 하나가 되어 밝고 투명하며 지혜롭게 됨과 동시에 모든 집착에서 벗어날 때까지 의식이 향상하고, 깨어 활동할 때는 지혜를 발휘하여 그 무엇에도 속아 넘어가지 않으면서 공평무사하게 일을 처리할 수 있다면 성인의 경지에 다다랐다고 할 것이며 인간으로서 목표 삼을 만하다고 생각합니다.

저는 이것이 '그리스도의 편지' 가르침과 충분히 조응하는 것이라고 생각해서 참고삼아 해당 글을 가져옵니다. 비교해서 묵상해보시기 바랍니다. "신 의식에 맞추고 자아를 완전히 다스리는 것이 사는 이유가 되고 삶의 유일한 목적이 되도록 하라. 그것을 이루면 바라던 모든 것이 '새롭고 초월적이며 영원한 방법으로' 너희 것이 될 것이다. (Attunement with Divine Consciousness and total self-mastery should be your reason for living, and your only goal. When you have achieved it, all you have ever wanted for yourself will be yours – in a new, transcendent and eternal way.)"

33. 명상, 침묵

　명상을 통해 신인합일로 가는 길은 험난한 길입니다. 지루하고 답은 없이 사막을 가는 심정일 때가 많습니다. 그래서 바이블은 그 길이 '곧고 좁은' 길이라고 했나 봅니다. 그럴 때마다 스승들 말씀을 읽고 그냥 홀로 있는 시간을 자주 내면서 보시-지계-인욕 등 오행에 몰입하는 것만이 답이라고 생각합니다. 한 가지 더 보탠다면 쉬지 않고 자신만이 부를 수 있는 이름(예, 미륵존여래불, 아미타불, 그리스도 예수 등)을 계속 부르는 게 좋다고 생각합니다. 마하리지 님의 말씀이 도움이 될 것 같습니다.

　"당신은 끊임없이 이어지는 무아지경과 같은 것을 바랍니다. 무아지경은 필연적으로 오고 갑니다. 인간 뇌가 그런 압력을 견딜 수 없기 때문입니다. 그것이 지극히 순수하고 가벼운 것이 아니고 장시간의 무아지경이라면 우리 뇌는 타버릴 것입니다. 자연에서 정지해 있는 것은 없습니다. 모든 것이 깜빡거리고 나타났다 사라집니다. 맥박, 호흡, 소화, 잠과 깸, 탄생과 죽음 등 모든 것이 파도처럼 왔다가 갑니다. 리듬, 주기, 양극의 조화로운 교대가 법칙입니다. 생명의 이러한 패턴에 저항하는 것은 소용없는 짓입니다.

　불변하는 것을 찾는다면 체험을 넘어가십시오. 내가 '나다(I AM)!'라는 것을 언제나 상기하라고 할 때는 그 상태로 되풀이해서 돌아가라는 것을 뜻합니다. 어떤 특정한 생각을 하는 것은 마음의 자연스러운 상태가 아닙니다. 오직 침묵만이 자연스러운 상태입니다. 침묵에 대한 생각이 아니라 침묵 자체 말입니다. 마음이 자연스러운 상태에 있을 때 마음은 모든 체험이 지나간 후 고요한 상태로 되돌아갑니다. 아니 그보다는 침묵을 배경으로 해서 모든 체험이 생겨난다고 해야 할 것입니다."

결국 제가 하고 싶은 얘기는 모두가 복을 구하는데 왜 잘 안 되는 것이며 복에 이르는 명료하고 간단한 길은 무엇인가 하는 겁니다. 모든 철학과 종교가 나름대로 답을 제시하지만 왜 잘 안 될까요? 저 자신도 많이 엇나가고 많은 시간을 허비했다는 것을 환갑이 될 무렵 크게 넘어지고 깨달았습니다. 그 답은 홀로 있을 때 근신하지 않았고 삶의 모든 국면에서 진실하지 못했고 참마음(中)을 지키지 못했기 때문이란 것입니다. 참마음을 지켜 거기서 지시하는 대로만 살면 되는데 그러기 위해서는 매일 공부하고 그것을 몸에 익혀야 합니다. 그 가운데서 가장 핵심이 되는 것이 생각을 끊고 침묵 속에 머무는 시간을 내는 것입니다.

이 일이 몸에 밸 때 신 의식(또는 존재의 근원 또는 부동의 동자)에 일치하게 되며 빈 상태에서 무엇이든 복된 것을 창조할 수 있습니다. 즉 아라비아 우화 속의 '지니'를 얻어 만나는 것입니다. 불가에서는 여의주를 얻는다고 합니다. 다른 말로 신적 지혜와 사랑만으로 살게 되어 그르침 없이, 고통 없이 '바라는 대로 해도 걸림이 없는(從心所欲不踰矩)' 삶을 살게 됩니다. 결과적으로 모든 문제의 치유와 해결을 성취하며 모든 필요가 충족됩니다. 공부를 이것 하나로 꿴다면(一以貫之) 길을 제대로 들었다고 생각합니다. 이 일은 운동선수나 악기연주자가 언제나 꾸준히 한 가지를 연습하듯 평생 몸에 붙일 일이라고 보는 겁니다.

34. 기독교의 극복과 신유학

무언가에 이름을 붙이기 시작하면 상투적인 것 또는 통속적인 것이 되어 누구나 자기식으로 다 안다고 생각하지만 바로 한계에 부딪혀 그 힘을 잃어버립니다. 가장 대표적인 것이 소위 '하나님'이죠! 그래서 명상에도 이름을 붙이지 말자고 하는 것입니다.

조선 선비로서 경전을 제대로 실천한 사람은 누구나 명상을 했지만, 거기에서 불교 냄새를 찾을 수 없는 것도 마찬가지 이유라고 봅니다. 요컨대 혼자 있을 때 근신하는 '신기독'과 희로애락이 나기 전 시공이 끊어진 자리를 지키는 '수기중'은 성리학적 실천의 핵심이며, '천하지대본'이 중이란 의미는 그것이 바로 존재의 근원이란 말입니다. 존재의 근원이란 제일원인이자 부동의 동자입니다. 바로 신이자 하느님이라고 봅니다.

성리학은 미신과 마구 영합하고 통치 이데올로기로 전락한 불교 극복 노력에 다름 아닙니다. 그와 같은 당나라 말기 지성의 노력은 고려말 이 땅에서 그대로 재현되었습니다. 하지만 밖으로 향하는 의식의 힘은 언제나 내면으로 향하는 의식을 일시적으로 압도하듯 성리학도 세속화하고 이데올로기로 복무하였습니다.

오늘날 기독교도 똑같은 코스를 가고 있습니다. 기독교는 소위 초인이면서 인간을 닮은 인격신 '하나님'이란 이름에 모든 병폐를 담고 있습니다. 이러한 기독교를 극복하는 노력이 영미 문화에서 광범위하게 이뤄지고 있는데 가장 강력한 축이 인도의 마하리쉬와 마하라지입니다.

하지만 중국이 분발하고 남북한이 통합하여 지구촌에 그 에너지를 떨칠 즈음엔 신유학이 큰 역할을 하리라고 제 개인적으로 희망하고 있습니다. 그 신유학의 시조로 정당하게 평가받아야 할 분이 바로 당말의 이고 선생입니다. 이고 선생은 주렴계에 의해서 거의 복제되었고 주희가 바로 주렴계를 계승 발전시킨 후 성리학이 원나라를 거쳐 고려말 이후 우리나라에서 꽃을 피웠기 때문입니다. 이 점은 한류를 연구하는 분들이 꼭 새겼으면 합니다.

35. 논어 첫머리

아시는 대로 학이편은 "學而時習之 不亦悅乎. 有朋自遠方來 不亦樂乎. 人不知而不慍 不亦君子乎."로 시작합니다. 이것을 제가 이해한 대로 바꾸어 온라인에 올렸더니 호응해주시는 분들이 많았습니다. 그분들은 제가 탐구하는 학습이나 공부란 지식, 정보 노하우 등

통속적인 게 아니라 존재의 진실과 의식 연구를 통하여 깨달음을 구하는 데 있다는 것을 눈치채셨기 때문이라고 생각합니다. 다음이 제가 풀어 적은 내용입니다.

"배워서 습관이 될 때까지 노력하는 게 기쁨인 이유는 그것이 존재의 근원에 맞닿은 공부이기 때문입니다. 벗이 먼 곳에서 찾아오는 이유는, 이 공부가 근본에 이르는 공부이며 그가 내 뜻을 알기 때문이고, 그런 벗이 있다는 것은 내가 이 공부를 하는 증거이기에 즐거움이 아닐 수 없습니다. 이 공부를 하다 보면 정(情, 에고)으로 사는 이들에게 모진 대우를 받을 수도 있으나 그로 인해 노여워하지 않는 것은 지향하는 목표가, 향상일로 한 끝에 군자가 되는 것이기 때문입니다. 그 모진 대우를 철저히 받아들임으로써 내 에고가 옅어지고 의식이 향상하는 혜택을 받습니다."

36. 신을 만나는 길

오늘의 묵상 거리는 마이스터 에크하르트에게서 가져옵니다. "인간이 신 안에 머무는 데 필요한 것은 무엇인가? 우선 자기 자신과 모든 것을 버리고 감각이 파악할 수 있는 어떤 것에도 얽매이지 않으며 시간과 영원 안에 존재하는 어떤 피조물에도 집착하지 않는 것이다."

눈을 감고 고요히 침묵 속에 있는 시간을 내는 것은 바로 이 목적을 위한 것입니다. 그런 의미에서 유교와 불교가 신을 만나는 우수한 방편을 실천했다고 저는 봅니다. 왜냐하면 신을 인간처럼 그려놓고 거기다가 '하느님'이란 이름을 붙이지 않았기 때문입니다.

생각을 끊는 노력, 모든 개념에서 벗어나는 노력은 유교의 수기중(守其中)과 불교의 지관문이 추구하는 것이기도 한데 바로 신을 만나고 신의 뜻대로 살 수 있는 출발입니다. 끝없이 말로 가르치고 지옥을 고안해내서 위협하고 그것도 모자라 연옥을 발명해서 벌 받는 시간을 계산함으로써 사람들을 묶어두려는 것은 어리석은 대중을 겨냥한 영악한 속임수에 불과합니다.

마이스터 에크하르트가 교회에 찍혀 말년에 끝없이 자기를 변호하다가, 객사했는지 병사했는지도 확인이 되지 않는 것도 우연이 아니라고 생각합니다. 제가 사숙하는 호킨스 박사와 '신과 나눈 이야기'를 지은 월쉬 님이 각각 성공회와 천주교 출신임에도 환생이 더 진리에 가깝다고 말하는 것도 같은 맥락이라고 생각합니다. 고백하자면 제가 마음 편히 천주교와 결별하게 된 것은 바로 저 두 분 덕택이었습니다. 삶이 단판 승부이고 그 결과에 따라 천국-연옥-지옥으로 판가름 난다는 생각이 자연스럽습니까?

37. 천국에 이르는 길

천국에 이르는 길 또는 지복을 누리는 길은 동서 영성에서 간단히 정의되어 있습니다. 서양 신학이나 철학을 간단히 요약하면 신이 다스리는 상태가 천국입니다. 즉 신의 뜻대로 삶을 살면 지금 여기서부터 천국이라고 합니다. 그다음이 어려운데, 답은 에고 의식을 지워낼 때 신 의식이 드러난다는 것입니다. 각 교단은 정기적으로 출석하라고 하는데 그것은 하근기 또는 우중에게 해당하는 말입니다.

동양 영성에서는 극기복례를 통해 구현되는 인(仁)의 삶에 지복이 있다고 봅니다. 여기에서도 하근기와 우중을 대상으로 외적 권위에 복종할 것을 요구합니다. 그러나 상근기에게 예란 천리를 말하며 천리란 서양의 로고스를 말합니다. 서양철학에서 로고스란 신의 뜻과 같고 중용의 용어로 하면 천명입니다. 천명은 성(性)에 새겨있고 이 성은 정(情)을 제거함(滅)으로써 드러납니다.

동서 영성의 핵심이자 공통분모는 신의 뜻이 자애(사랑, 仁)라는 것입니다. 다른 말로 신은 조건 없는 사랑 자체입니다. 다만 극기의 과정이 근기에 따라 평생이 걸리거나 심지어 수백 생 또는 그 이상이 필요하다는 것이 또한 가르침이기도 합니다. 강조하고 싶은 것은 대개의 교단은 영적 유치원생을 대상으로 비지니스를 한다는 점이 하나요, 멸정(dissoving the ego)을 위해서는 매일 규칙적으로 신 의식과 일치하는 훈련을 해야 한다는 게 둘입니다.

한편 현대 영성은 천국에 이르는 과정이 의식의 진화과정이며 의식이 진화 상승하는 만큼 행복해질 것이라고 합니다. 제 생각에 이론이 복잡하고 지나치게 전문성이 높은 것은 하근기와 우중을 상대로 벽을 치는 일입니다. 참된 스승은 하나 같이 '네 안에 답이 모두 있으니 내 가르침을 뛰어넘으라'라고 합니다.

축의 시대 이후 종교가 필요했던 시대는 오늘날과 달리 정보 접근성이나 스승 만나기가 어려웠으나 지금은 조금만 노력하면 누구나 그 답을 찾을 수 있을 만큼 기술과 정보 인프라가 충만한 시대입니다. 더 이상 종교는 불필요한 시대라고 생각합니다. 우리에게 오직 부족한 것은, 지금 여기에서부터 천국과 같은 삶을 살겠다는 단호한 결단이라 생각합니다. 다른 실기를 습득하기 위해서는 매일 여러 시간을 하루도 빠짐없이 연습하면서 그보다 근본적이고 보상이 어마어마한 이 일을 위해서는 대수롭지 않게 생각하는 게 세상 풍조입니다.

이 공부의 핵심에 명상이 있는데 그것은 신성을 선택하는 행위입니다. 고요한 시간을 내서 발견하는 자명한 앎을 실행하려는 결단이기도 합니다. 유교와 불교가 도움이 되는 것은, 간편한 대신 걸림돌이기도 한 인격신 '하느님'을 전제하지 않고 신성을 택하는 꾸준한 노력과 실천을 제시하고 있다는 점입니다. 묵상 과제로 나누고자 두 구절 가져옵니다. "참나이기도 한 신성은 무시되고 잊혀지거나 우리가 택하거나 둘 중의 하나다. (데이비드 호킨스, 나의 눈)"

"마음이 한번 움직이는 것은 바로 볼 수 없는 것을 드러내는 일이고 들리지 않는 것을 들리게 하는 것이니 참나로 돌아가는 일은 멀리서 찾을 필요가 없습니다. 그래서 군자는 혼자 있을 때 삼가며, 혼자 있을 때 삼간다는 것은 곧 생각이 끊어진 자리를 지키는 일입니다. (이고, 복성서)"

38. 명상을 습관 들이기

아마도 조선 시대도 크게 다르지 않았으리라 생각되지만, 오늘날 삶의 모습이란 생활비 벌기와 겉모습에 집중한 것이어서 명상에 대한 뼛속 깊은 필요성을 못 느낍니다. 우리 대부분은 '바닥 체험'을 하기 전에는 이 공부를 위한 근본 결단을 하기가 어렵습니다.

하지만 바닥 체험을 하기 전에 단단히 결심하고 명상에 습관 들인다면 불행을 면하기에 충분할 것입니다. 왜냐하면 영감과 통찰력이 인도하는 삶을 살 것이기 때문입니다. 즉 대개는 몸과 마음의 차원에서 살지만, 전적으로 혼자 있는 시간을 가진다는 것은 영혼 차원의 삶을 살게 된다는 것을 뜻하기 때문입니다.

우리 조상 가운데 제대로 된 선비들이 '신기독'의 삶, 즉 경(敬)을 중시했다는 것은 바로 명상을 생활화한 것에 다름 아닙니다. 가장 대표적인 예가 남명 선생인데 경을 위해서 종을 차고 다니셨다고 합니다. 이 일의 철학적 기반으로서 가장 알아듣기 쉬운 것이 소크라테스의 동굴의 우화입니다. 즉 외부 세계란 인간의 의식이 만들어낸 그림자일 뿐이고 끝없이 변하는 것이기에 그것과 씨름하면 고통으로 귀결된다는 것입니다.

내면에서 의식을 다루는 것이 가장 현명한 길입니다. 이것을 실천하는 첫걸음은 무조건 10분 이상 타이머를 맞춰놓고 아무것도 하지 않고 있는 것입니다. 생각을 끊은 자리에서 나오는 지혜가 바로 반야바라밀이자 통찰력이고 영감입니다. 이 실천이 바로 대승기신론이 실천하라고 하는 지관문이기도 한 것입니다.

초보자지만 덧붙이자면 언제 어디서나 생각을 끊는 방편의 하나가 염송기도(만트라)를 외우는 것입니다. 대표적인 것이 나무아미타불인데 종교마다 노하우가 있습니다. '예수마리아요셉'이나 '미륵존여래불'도 있고 '아버지-어머니-생명' 등이 있습니다. 개인적으로 외우고 있는 기도문을 묵상하는 것도 좋다고 생각합니다.

다음은 파라마한사 요가난다의 말입니다. "명상을 많이 할수록 다른 이에게 도움이 될 수 있으며 신과 더 깊게 일치해 갈 것입니다. 이기적인 사람은 영적으로 완고하지만 자기를 벗어난 사람은 그 의식이 확장됩니다. 명상으로 당신이 시공을 벗어난 존재라는 것을 알게 되면 곧 신과 하나가 되는 것입니다. 신이 당신과 일치하면 모든 것이 당신과 조화를 이룹니다. 혼을 다하여 신에게 말을 걸도록 하십시오!"

매일 규칙적으로 명상을 하는 것은 세상 삶을 성공적으로 사는데 꽤 우회하는 길처럼 보이지만 실상 가장 효율과 효과가 높은 길이라는 것을 요즈음 깨닫습니다. 우연히 유튜브에서 서양인 알렉스란 친구가 명상에 대해 말하는 걸 봤습니다. 그만큼 오늘날 삶을 개선하는 아주 단순한 방편으로 명상이 대중화되고 있다는 증거라고 생각합니다. 그의 말을 제가 배운 것과 종합해서 적어봅니다.

첫째는 저도 겪었지만 명상을 처음 습관 들이기가 어렵다는 점입니다. 그럼에도 10~20분부터 시작해서 원하는 시간만큼 늘려가는 것이 비결이라는 겁니다.

둘째는 큰 기대 없이 양치질하듯 일상사로 만들라는 겁니다. 명상 중 그저 무엇이든 오고 가는 걸 바라보는 게 요점입니다. 그 과정에서 성장하게 되는데 특히 지혜와 감각이 좋아집니다. 스트레스와 근심 걱정이 줄어드는 건 기본입니다.

셋째는 가장 제대로 안 됐다고 느낄 때가 가장 명상이 잘 된 때라는 것입니다. 제 경우 이젠 그런 때가 잦아들고 무미건조해지는 때도 있고 매너리즘에 빠진 것 같이 느껴지기도 합니다. 하지만 이제 오히려 명상을 안 하면 허전해서 못 견디게 됩니다.

마지막으로 혼자 있는 것이 완전히 보람 있고 바깥의 다른 무엇을 찾아 헤매지 않고 요구하는 것도 없어집니다. 제 생각에 명상은 오직 의식 성장만을 위한 일입니다. 형식에 얽매이지도 말고 그냥 앉아 있되 잠 안 올 때는 누워서 하면 잠드는 데 특효가 있습니다.

39. 장자의 핵심 사상과 선불교

1부 마지막 부분에서 다룬 것을 요약하면서 반복합니다. 우선 인용합니다. "선(禪)이라는 형태로 노장(老莊) 특유의 통찰을 그대로 되살리고 발전시키게 된 원인은 대승 불교의 충격 때문이었다. 토마스 머튼이 예리한 통찰력으로 관찰한 바와 같이 '장자의 사상과 정신을 진정으로 이어받은 사람들은 당나라 때의 중국 선사들이다.' 현실을 바라보는 선사들의 방식이 근본적으로 노장과 일치한다는 것은 두말할 나위가 없다. (선의 황금시대)"

우징슘(吳經熊) 님은 특히 장자의 핵심 사상이기도 한 '마음을 삼감(心齋)', 완전히 잊음(坐忘)', '꿰뚫어 봄(朝徹)'이 선의 핵심 사상이기도 하다고 합니다. 이 세 가지는 장자 인간세와 대종사에 나오는데 그 번역은 중국 사람 간에도 많은 설이 있고 우리말로 그저 부드럽게 된 것들이 모두 핵심을 보여주지 못한다고 보아 우징슘 님의 번역 가운데 몇 구절을 옮기고 제가 토를 다는 식으로 정리해봅니다.

장자가, 유교에서 성인으로 추앙받는 공자와 그 수제자이자 성인의 문턱까지 간 안연을 등장인물로 삼아 핵심 사상을 설한 것부터가 심상치 않습니다. 어쨌든 공자님은, 모든 영성이 공통으로 지적하는 바인 타인 구제에 앞서 자신을 구원하는 일이 선행되어야 한다는 의미에서 먼저 "불안과 걱정에 끌려다니는 사람이 다른 사람에게 도움이 될 리는 만무하다네. 도를 아는 선현들은 먼저 자신을 돌본 뒤에야 다른 사람을 살필 여력을 지녔다네(憂而不救 古之至人 先存諸己 而後存諸人)."라고 지적하십니다.

그리고는 마음을 삼가는 일(心齋)의 요점을 "영혼은 비어 있으면서도 모든 것에 반응한다. 도는 이 빈 곳에 거처하니 비우는 것이야말로 마음을 삼가는 일이니라(氣也者 虛而待物者也 唯道集虛 虛者心齋也)."고 하시며 "빈방만이 빛을 부를 수 있으며 더없이 즐거운 것들을 죄다 불러들일 수 있다네. 그리하여 가만히 머물러 있는 동안에도 천리마처럼 달릴 수 있는 것이네(虛室生白 吉祥止止 是之謂坐馳)."라고 하십니다.

그리하여 세상을 구원하려는 안회의 뜻이 인간적 방법에 의존해서는 안 되는 것임을 다음과 같이 지적하십니다. "사람의 뜻을 전하는 사람은 인간의 책략과 속임수에 쉽사리 의지하지만, 하늘의 뜻을 전하는 사람은 그런 인위적인 수단을 구하지 않는다네(爲人使 易以僞 爲天使 難以僞)."

다음에 완전히 잊는 일(坐忘)은 마음을 삼가는 일의 보완이기도 한데 요컨대 "몸뚱어리와 사지를 버렸으며 지각을 내던졌습니다. 육체와 지식에서 자유로워지면서 저는 무한과 하나가 되었습니다.

이것을 일러 완전히 잊었다고 합니다(墮枝體 黜聰明 離形去知 同於 大通 此謂坐忘)." 자신의 일체를 망각한다는 것인데 저는 마태복 음 16장 24절, 즉 "나를 따르려는 사람은 누구든지 자기를 버리고 ('forget'으로 번역하기도 합니다)"라는 대목이 생각납니다.

공자님은 이렇게 완전히 잊은 후의 상태를 확인하면서 안회가 당신을 앞서가는 지경임을 인정하십니다. "무한과 하나가 되었다 는 것은 호오가 그쳤다는 뜻이다. 변화한다는 것은 매이는 것이 없 다는 뜻이다. 그리하여 자네가 내 앞에 가게 되었네. 나는 그대의 발자국을 따르리라(同則無好也 化則無常也 而果其賢乎 丘也 請從而 後也)."

마지막으로 꿰뚫어 본다(朝徹)는 것은 "삶에 대한 집착에서 벗어 났을 때만이 꿰뚫어 볼 수 있다(已外生矣而後 能朝徹)."고 하여 그때 에는 하나만을 보게 되고 시간은 물론 삶과 죽음까지 초월하게 된 다고 합니다. 이 상태는, 완전히 잊음으로써 좋고 싫음을 벗어났으 니 이원성의 세계를 벗어나 절대성의 경지에 이른 것입니다. 그리 하여 세상에 걸리는 것이 전혀 없이 시련과 고통 속에서도 평화를 누리게 된다(攖寧)는 것입니다.

40. 아상 닦기와 불퇴위

90년대 말에 불교 수행서로 백성욱 선생 법어집인 '마음을 어디로 향하고 있는가?'를 접했습니다. 지식을 많이 늘리고 체험을 많이 했다고 하지만 그때 배운 단순한 노하우를 야무지게 실천했다면 다 필요 없는 것들 아니었나 하는 깨침이 생깁니다. 게다가 지금쯤 엄청 괜찮은 삶을 살고 있으리란 걸 짐작할 수 있습니다.

각설하고 그 가운데 한 가지를 소개할까 합니다. "저 잘난 마음을 닦으면 남이 아무리 잘난 척을 해도 마음이 동요하지 않을 것이다. 아상(我相)은 스스로 못났다고 해야 닦이지 잘났다고 하면 닦을 수가 없다." 비유해 말하자면 '골골 80 산다'는 예에서 보듯 참으로 건강이 형편없다고 인정하면 80이상 될 때까지 조심하고 또 조심하기 때문에 건강하게 살 수밖에 없는 것입니다.

제 체험상 바닥 체험이란 내 잘난 맛에 내 멋대로 살다가, 나라는 인간이 '참으로 멍청하고 추하다'는 것을 뼛속 깊이 인정할 수밖에 없었던 체험입니다. 그래서 차마 세세히 말로 할 수가 없는 그런 체험입니다. 중요한 것은 그렇게 해서 다시는 과거와 같은 짓을 하지 않게 되는 것입니다.

하지만 그러고 나서도 쉽게 타성에 젖습니다. 그러니 24시간 철저히 신 의식(근원)만을 바라본다는 근본 결단이 필요하다고 봅니다. 그러기 위해 성령 체험 또는 참나 체험이 필요합니다. 참나 체험이란 홀로 고요히 앉아 '다 모른다'는 자세로 있을 때 느껴지는 평화와 은은한 기쁨 외에 다른 것이 아닙니다. 대승기신론은 이 경지를 불퇴위에 도달했다고 하며 마하리쉬 님은 유상삼매라고 합니다. 여기서 더 중요한 것은 뒤로 가지 않겠다는 결단이라 생각합니다! 자유의지가 의미를 지니는 것도 이 지점일 것입니다.

41. 명상의 주목적

명상에 대한 접근도 다른 모든 경우와 마찬가지로 단숨에 대박을 바라면 안 됩니다. "명상의 주목적은 내적 삶을 의식하고 친숙해지는 데 있다. (마하라지)"고 합니다. 그런데 초기 조건의 민감성 원칙에 따르면 이것을 실천하는 삶과 하지 않는 삶은 인생 말년에 이르면 하늘과 땅만큼 차이가 나지 싶습니다. 제가 반면교사로서 확실히 말씀드릴 수 있습니다.

20년 전은커녕 10년 전에만이라도 시작했더라면 지금 훨씬 더 좋은 삶을 살고 있을 텐데 하는 생각이 듭니다. 요새는 이승의 출구 대책 겸 하루 최소 10분 이상, 보통 평균 30분~1시간 정도 매일 실천하고 있습니다. 많은 것들이 질서 잡혀가고 있고 주변 사정은 모든 면에서 매일매일 좋아지고 있습니다. 무엇보다도 내가 나에 대해 기분 좋아지고 있습니다.

제가 배운 명상법은 자세 신경 안 쓰고 최대로 이완함으로써 마치 잠들 듯이 하라는 것입니다. 중요한 것은 몸과 마음, 생각을 무심하게, 달리 말해 보자면 남의 일처럼 바라보는 것입니다. 다만 신 의식 또는 부처님 등 초월적 실재와 일치하려는 의지를 냅니다.

결국 아무 데도 머물지 않고 마음을 낸다고 할 때 마음을 내는 주체가 내 참된 면모라는 걸 알고 바깥일에 대해서는 일마다 닥칠 때 비로소 마음을 낸다는 것 – 이것이 24시간 중(中)과 화(和)로 사는 비결이자 격물치지의 실천이지 싶습니다. 눈은 감되 시선은, 우리 전통 단학에 따르면 내리깔지만 요새 제가 배운 바는 제3의 눈을 향하라는 것입니다.

42. 공부 수단으로서 꿈과 명상

시중에 나온 꿈에 관한 책을 보면 저도 한때는 그랬지만 세속적 복락을 위해 꿈을 어떻게 해석할까 하는 데 집중합니다. 그러나 영적 진화를 위해 꿈을 활용한 사람으로 칼 융이 있습니다. 그는 꿈이 순수의식의 작용으로서 영적 성장에 있어서 우리 에고가 모르거나 이해하지 못하는 것을 말해주려는 것이라고 합니다. 따라서 꿈은 수행을 위한 좋은 도구입니다.

꿈은 제가 공부를 시작해서 한참 동안 감각적 욕망에 사로잡힌 모습을 선명히 보여주었습니다. 그래서 열심히 노력했더니 옅어지고 잦아들어 이젠 거의 없어졌습니다. 그 다음에는 누군가를 죽지 않을 만큼 때리는 모습을 몇 번 봤습니다. '성내는 마음(진심)'을 보여주는 것입니다. 요즈음은 좀처럼 두 가지 꿈은 나타나지 않습니다. 주된 과제로서 배척과 판단, 경멸과 교만을 없애야 할 대상으로 여기고 있는데 조금 복잡한 꿈이 나타납니다.

한편 명상은 직관 또는 지혜를 활용하는 지름길이기도 합니다. 거듭 반복되는 얘기지만 공부의 요점은 금강경 가르침대로 아상을 없애는 것입니다. 아상을 없앨 때 비로소 도덕경이 말하는 무위와 무지, 그리고 무사(일 없음의 경지)가 가능하다고 보는 것입니다. 아상을 없애는 데 가장 공통된 장애는 결단하지 않는다는 점입니다. 두 번째는 방법을 모른다는 것입니다.

결단했다면, 이미 명상을 하고 계실 것입니다. 동시에 아상 또는 에고가 무엇인지 확실히 이해하여야 합니다. 독서를 종합하면 에고란 생명 진화를 위해 기본적으로 장착된 동물적 성질입니다. 그것은 '인력-척력'을 기본으로 하며 이익을 좋아하고 해로운 것을 피하는 성질입니다. 에고를 공부하는 동시에 우리가 채워져야 할 모습이기도 한 신 의식에 대해 이해하고 믿고 받아들이는 학습을 합니다.

아상을 없애는 지름길은 '나'라는 생각을 없애는 것입니다. 몸이 나라는 생각도 없어져야 합니다. 다만 이 일은 에고 동력으로 하는 게 아니라 초월적 도움으로 하는 것입니다. 그래서 명상과 기도가 필수적입니다. 이것이 이뤄지면 선악의 이원성을 벗어나서 황금률을 실천하면서 조건 없는 사랑의 에너지로 충만하게 된다고 합니다. 아울러 용서하고 말고 할 것도 없이 모든 것을 용서하는, 그래서 완전히 초탈하여 이 세상에 있지만, 이 세상 것이 아닌 삶을 살게 된다고 합니다.

꿈을 해석할 때나 명상을 실천할 때, 현세 문제 해결을 직접 지향하는 것이 단기적 처방이라면 존재 상태를 근본적으로 바꾸어(또는 의식을 향상하여) 높아진 의식에서 나오는 강력한 에너지를 활용하는 것은 장기적 처방이라 할 수 있는 것 같습니다. 여기서 '장기(長期)'도 이번 생만의 일인지 영원한 삶의 일인지 하는 것까지 선택해야 하지 싶습니다.

43. 무심(無心)과 힘 빼기

대부분의 무예와 스포츠에서 기술을 최대한 습득한 이후, 본 경기에서 감독이나 코치들이 힘을 빼라는 말을 하는 것을 들은 적 있을 것입니다. 어떤 목표에 집착하면 목표 달성에 거의 실패한다는 것을 우리는 경험으로나 직감으로나 알고 있습니다. 마음 수련 또는 영성 수련에 있어서도 목표에 사로잡히지 않는 것이 중요합니다. 특별히 깨닫겠다는 목표, 신을 만나겠다는 목표 등을 버리는 게 중요합니다.

그래서 지금 이미 깨달아 있다는 것, 또는 지금 이미 신이 우리에게 임재하신다는 것을 스승들은 강조합니다. 요컨대 아무런 목표도

의식하지 않는 것인데 그렇다면 우리의 진정한 목표는 어디로 가는가요? 도대체 왜 수행하는 건가요? 그렇게 마음의 달인이 되어 할 일은 유교에서는 평천하요 불교에서는 보살도이며 그리스도교에서는 지상 천국을 건설하는 일이라고 봅니다. 그 모든 경우 매 순간 하늘의 뜻에 부합하는 방법이 무심이라고 생각합니다. 아래는 무심에 대한 이소룡의 설명입니다.

"무심이란 모든 생각과 감정을 닫아버린 빈 마음이 아니며 그저 고요하고 침묵하는 마음도 아닙니다. 고요와 침묵은 필요하지만 무심의 원칙을 이루는 주된 요소는 생각에 사로잡히지 않는 것입니다. 쿵후인은 아무것도 붙들지 않고 거부하지도 않습니다... 무심이란 '전체가 된 상태'로서 마음은 자유롭게 저절로 기능합니다. 마음(또는 에고)에 대한 느낌 없이 무기를 들고 서 있습니다. 자기 안에 분리된 생각 주체(또는 에고)가 개입하는 일 없이 마음이 생각하고 싶은 것을 하도록 내버려 둡니다.

원하는 대로 생각하지만 하심(下心, letting go)하겠다는 노력이 전혀 없습니다. 하심하겠다는 노력이 사라졌다는 것은 분리된 생각 주체가 사라졌다는 것을 의미합니다. 무엇을 하겠다는 것이 없는데 그것은 매 순간 떠오르는 것을 받아들이기 때문입니다. 따라서 무심이란 감정이나 느낌이 없는 것이 아니라 느낌에 집착도 거부도 없는 상태입니다. 감정에 전혀 동요되지 않는 상태입니다. 마치 쉬는 법 없이 모든 것을 흘러내리는 강물과 같습니다.

무심이란 장자가 어린 아이 마음으로 비유한 그것입니다. 즉 아이는 특정한 대상에 눈을 고정하지 않습니다. 그는 어디 가는지 모르고 가며 무얼 하는지 모른 채 서며, 환경과 하나가 된 상태에서 환경과 함께 움직입니다. 이것은 마음의 위생이기도 합니다. 쿵후에서 집중이란 주의를 한 대상에 집중하는 게 아니라 지금 여기에서 일어나는 일이 무엇이든 그저 조용히 알아차리는 것입니다."

44. 마이스터 에크하르트 영성의 핵심

'내가 교회를 등질 마음이 없는데 왜 이단이냐?'라고 항변했던 마이스터 에크하르트는 오늘날까지 로마 교회로부터 완전히 복권되지는 못했습니다. 하지만 오늘날 가장 많이 인용되는 신학자이자 영성가 가운데 하나일 것입니다. 그의 말 하나 인용합니다. "'나를 따라오고자 하는 사람은 우선 자기 자신을 부정해야 한다.(마태 16:24)', 이 점이 대단히 중요하다. 그대 자신에 주목하라. 그리고 그곳에서 자기 자신을 너로부터 놓아 보내라. 이것이 가장 올바른 것이다."

여기서 '부정'은 간혹 잊음(forget)으로도 번역되며 1968년 최익철 님 번역판엔 '자기를 끊고'로 되어 있어서 요즈음 서양 영성의 자아 소멸에, 동양 영성의 무아와 극기에 해당한다고 봅니다. 그것은 또한 그다음에 나오는 '놓아 보냄'에 조응합니다. 결국 철학이나 영성의 공통 요소는 내면의 탐구인데 '천국이 내면에 있다'고 하는 속뜻도 여기에 있다고 생각합니다.

또 '자신을 너로부터 놓아 보내라'고 했는데 이것은 에고와 참나 또는 복성서 노선에 따른 정(情)과 성(性), 대승기신론 노선에 따른 심생멸문과 심진여문이라는 자아의 두 측면을 전제하는 표현입니다. 즉 '자신'이 바로 에고이고 '너'가 참나에 해당합니다. 자아에 대한 이러한 대전제를 가르치지 못하는 심리학은 실천적으로 매우 비효과적이라는 게 제 체험입니다.

이러한 인식 위에 '그대 자신에 주목하라'고 하는 부분은 명상과 같은 성찰 방법을 취하여 참나의 자리에서 에고를 살펴보라는 말로 알아들어야 합니다. 그리고 나서 에고를 부인하고 끊어버려서 궁극에는 잊어버리게 되는 경지까지 이어지는 의식 진화의 길을 평생 가는 것이 누구나 취할 노선이라 생각합니다. 거기에 충분한 보상이 있을 뿐 아니라 몸을 버린 후의 안심입명까지 가능하다고 보는 것입니다.

45. 영적 독서와 명상

번역 중인 '그리스도교 신비주의'에서 핵심 중 핵심이라 할 만한 구절을 인용합니다.

"영적 독서의 수행이라는 게 명상보다 유명하지 않지만, 그것은 그리스도교 신비주의와 관련된 유일하고 매우 기초적인 영적 수행이다. 참으로 내 책에서 배우는 단 하나의 수행을 실천하려고 하신다면 그것이 영적 독서가 되기를 나는 바란다. 그리스도교 명상이나 관조적 기도를 하고 싶다면 영적 독서로 시작하시라.

영적 독서는 신께서 택하신 곳으로 당신을 이끄시도록 당신을 개방시킨다. 기도, 명상 및 묵상은 정확히 이 수행의 파생물들이기 때문에 신비적 삶에서 강력한 훈련이 된다. 침묵의 훈련으로서 명상과 묵상은 그리스도의 신비로 들어가는 당신 여정에서 최후까지 함께할 집처럼 작용한다. 반면 영적 독서는 그 집이 지어지는 기초다."

필자는 reading을 쓰지 않고 라틴어 lectio를 씁니다. lectio는 Lectio Divina를 줄인 말로 '거룩한 독서'로 번역해야 하겠지만 저는 흔히 쓰는 '영적 독서'를 취할까 합니다. 그러니까 경전이나 경전급 책을 읽는 것을 말합니다. 유명한 회심자들은 읽었던 책에서 한 구절이 마치 온 존재를 때리는 듯한 체험을 하여 평생 그 말이 사라지지 않는 체험을 합니다. 그런 예를 보더라도 매일 영적 독서를 하는 것은 수행 공부의 기둥이자 기초입니다.

이 기초 위에 명상이라는 집을 짓는다고 하니 얼마나 중요한지를 강조하는 말이기도 합니다. 재론할 여지 없이 이 독서는 이미 검증된 경전급 이상의 책을 읽는 것을 말합니다. 경전이란 수천 년의 검증을 거친 책일 것이고 제 경우 호킨스 박사의 의식 지수 상 500 이상인 책을 여기에 포함하고 있습니다. 우리 전통에서 중을 잡는(允執厥中) 것은 수행의 기본 중의 기본인데 그 실천 방법을 자신 있게 가르치는 이를 거의 못 봤습니다. 윤집궐중의 실천은 영적 독서를 기본으로 하고 거기에 매일 명상하는 것을 보태면 된다는 것이 제 생각입니다.

46. 최고의 임종 대책

공부하는 티를 내다보니 한 친구가 제가 돈오 내지 활연관통을 얻었냐 하는 질문을 했습니다. 즉답하자면 그런 것을 얻지 못하였지만, 대승기신론에서 말하는 불퇴위에는 들어섰다고 말하겠습니다. 불퇴위란 '한번 도달한 수양의 계단에서 뒤로 물러나거나 수행을 퇴폐하는 일이 없는 지위(대승기신론 소와 별기 참조)'를 말하는데 쉽게 보면 발심을 제대로 해서 다시는 과거와 같은 삶을 살지 않는 것이라 봅니다. 기독교적으로는 탕자가 아버지 집에 들어선 상태라고 생각합니다.

한편 돈오 이후의 공부는 오후(悟後) 공부라 해서 오행(보시, 지계, 인욕, 선정, 지혜, 정진)을 끝없이 닦아가는 것을 말합니다. 그 과정은 화엄경의 보살도라고 보면 됩니다. 더 쉽게 이해하려면 십우도 또는 심우도 해설을 보시면 좋다고 생각합니다. 공부 과정에서 여러 가지 초자연적 현상인 싯디(siddhi) 내지 신통을 체험할 수 있으나 거기에 매혹되는 것은 길을 잘못 들어 하락의 길을 갈 가능성이 농후하기 때문에 조심해야 합니다. 이 공부는 곧고 좁은 길이니 그저 끝없이 가는 것만이 답이라 봅니다.

공부의 핵심 요점을 적자면 자신의 의지를 '근원 의식' 또는 신의식에게 완전히 맡기는 훈련을 계속하는 것이 그 하나요, 몸이 아니라 순수 의식이 내 정체라는 것을 몸으로 느끼도록 애쓰는 것이 그 둘입니다. 그렇게 가면서 공부가 진짜로 제대로 잘 되면 비이원성(nonduality)의 세계에 들어설 뿐 아니라 이승과 저승 간에 무차별한 생각이 들어 심지어는 몸에 들어가는 일이 별로 내키지 않는 상태가 된다는 것이 전해지는 체험담입니다. 그러니 임종 준비로는 최고라고 보는 것입니다.

47. 임종 시 의식

'삶과 죽음을 바라보는 티베트의 지혜'에서 인용합니다. "죽은 후에도 지금 우리 마음 상태 그대로이며 현재 우리 모습과 똑같다는 것이다. 그러니까 우리가 변하지 않는다면 죽는 순간에 바뀌는 것은 하나도 없을 것이다. 이런 까닭으로 지금 이 삶에서 우리가 할 수 있는 한, 마음의 흐름을 정화하고 자신과 그 성격을 근본적으로

뜯어고치는 것이 절대적으로 중요하다."

승진 경쟁에서 탈락하고 의기소침한 상태에서 붙잡았던 책으로서 커다란 감동을 받아 번역하신 교수께 고맙다고 전화까지 걸었던 책이었습니다. 하지만 단호한 결단으로 가르침을 실천하지 못해서 구두선에 그친 책 가운데 하나입니다. 요즈음 최대 관심사는 어제 죽은 것보다 오늘 죽는 것이 더 낫구나 하는 생각이 들도록 살자는 것입니다. 그러다가 마침내 이제 죽어도 괜찮겠구나 하는 마음이 들 때까지 전력을 다하려고 합니다.

위 대목은 마하라지 님이 강조한바 다음 생의 의식이란 죽는 순간 의식과 같다는 말씀과도 같은 취지입니다. 출구가 지척에 있는 사람이 이 일에 관심을 가지지 않는 것은 매우 비이성적인 일이기도 합니다. 동서고금 스승들의 말씀을 읽고 또 읽어도 해답이 같다는 것도 발견합니다.

변하는 것들은 모두 꿈과 같은 것이고 세상의 모습이란 모든 의식의 총체이자 그 결과로서 스크린에 비추어진 것에 불과합니다. 그러니 스크린에 비치는 현상과 직접 싸우는 것보다 내 의식의 진화 향상에 전념하면서 나와 같이 공부하는 이들이 연대하는 것이 더 효과적이라고 배웠습니다. 이 길이 나와 세상을 동시에 구원하는 자리이타(自利利他)의 길이기도 합니다.

48. 꿈 얘기와 관음설화

지난밤 꿈에서 전 직장에 있었는데 사무실 두어 곳이 먼지가 풀썩이고 보관 기간 지난 서류가 가득한 모습과 치워지지 않은 오물이 덕지덕지한 화장실을 봤습니다. 누군가에게 '우리 이거 다 태워 버립시다'라고 말했습니다.

조지프 캠벨의 '신화와 인생'에 관음경 설화가 소개되고 있습니다. 그 얘기에 따르면 경전을 읽는 동기는 누구에게나 같다고 생각됩니다. 관음이 예쁜 처녀 모습을 하고 청년들을 유혹합니다. 청년들은 예쁜 처녀와 결혼하기 위해 관음경 읽기에 도전합니다. 20명의 청년은 삶에서 치유와 문제 해결을 바라서 절이나 교회에 가는 우리 모습입니다.

하지만 설화가 제시하는 답은 경전의 가르침을 체험하라는 것입니다. 그리고 처녀와 결혼을 허락받은 청년이 약속장소에 갔으나 빈 풍경만이 제시됩니다. 가르침을 체험한 자가 결혼하러 가는 설정이 모순되긴 하지만 결론은 그렇습니다. 아마 호기심 가득한 독자를 위한 설정이지 싶습니다.

동아시아 영성에서 그 영향력이 매우 큰 혜능에 관한 이야기에서 유추하면 경전의 가르침에서 우리가 체험해야 할 일, 즉 실천할 일은 금강경의 '아무것에도 마음을 붙이지 말고 마음을 내는' 데 있다고 여겨집니다. 그것이 아마도 관음경이 체험하라고 한 경지가 아닌가 합니다.

혼자 대충 지난 꿈을 해석하건대 내 속에 비워내야 할 것들을 보여 준 것 같습니다. 명상을 마치고 이 글을 쓰면서 어렴풋이 그렇게 느껴집니다. 이승을 떠날 때까지 비워내고 청소해낼 일이 가득합니다. 그렇게 해서 하루속히 '세상에 있지만, 세상 것이 아닌' 삶을 살아야 하겠다고 결심하고 빌 뿐입니다

49. 무위와 무지

제가 보기에 호킨스 박사, 20세기 인도의 성자로 여겨지는 마하리쉬와 마하리지, 그리고 도덕경과 금강경의 이상을 공통적으로 엮어주는 경지는 비이원성입니다. 선악 이분법을 초월하여 일자(Oneness)를 체험한 경지입니다. 그 근거는 이들의 체험에서 나온 진술이 상당히 유사하다는 점입니다.

도덕경 10장은 가장 높은 덕인 현덕(玄德)으로 다스리는 무위의 경지를 말하는데 결국 수신으로 최고의 덕에 이른 성인이 '제가치국평천하'를 하는 모습이라 할 수 있습니다. 제가 다루려는 게 다음 두 구절인데 왕필본과 백서본이 무위와 무지를 자리를 바꿔 쓰고 있어서 사실상 여기서 무위와 무지의 속뜻은 같다고 가정해도 좋을 듯합니다. 한 구절은 사람을 사랑하고 나라를 다스리지만 하는 게 없다고 할 수 있는가(愛民治國, 能無爲乎)이고, 두 번째는 완전

히 드러나 있지만 모른다 할 수 있는가(明白四達, 能無知乎)입니다.

앞 구절은 "수없이 많고 한없는 중생을 제도하지만 실로 구제받은 중생은 없다"는 금강경의 무위법(無爲法)에 통하는 말씀입니다. 뒤 구절은 밝고 환해서 두루 비추지만, 사람들이 그 존재를 알지 못한다고 보면, 요순시대에 누가 왕인지도 모르는 태평성대를 묘사한 것과 비슷합니다. 한문 경전은 주어를 특정하기 어려운데 그것은 자타를 뛰어넘은 성인의 경지에서 진술하였기 때문이라고 생각하며 그러니 '내가 없는 체험(無我法)'에서 나온 것이라고 보면 좋다고 생각합니다.

어쨌든 도덕경이나 금강경의 '무위'란, 실상 세상 구제를 위해 모든 것을 다 하지만(無不爲), 무언가 했다는 의식이 들지 않는 경지를 말하는 것입니다. 이 모순은 실제로 우리에게서 아상(에고)이 없어져야만 이해할 수 있을 것입니다. 이것은 우리 일상생활에서 예의를 차린 말에서도 드러나는바 무언가 큰일을 한 사람이 빈말로 '저는 아무것도 안 했습니다.'라고 응답하는 것을 한 번쯤 들어본 적 있을 것입니다. 그리스도가 말씀하신 '오른손이 한 일을 왼손이 모르게 하라'는 말씀의 취지도 여기에 있다고 봅니다.

아상을 없애는 일은 누차 거론했지만, 장자에서는 좌망(坐忘, 大宗師 7장)으로 기독교에서는 자신을 부인 내지 잊어버리라는 말씀(마태 16장 24절)으로 요약되어 있습니다. 그리고 동서 공히 아상을 없애는 길은 초월적 도움으로 가능하며 우리 쪽에서는 명상을 규칙적으로 실천하는 게 필요합니다. 수많은 지식 습득과 경전 독서가 여기에 도움이 되지 않는다면 루가복음 16장 20절의 어리석은 부자 꼴이 될 것입니다.

50. 죽기 좋은 경지

스트라빈스키는 비발디에 대해 똑같은 협주곡을 천 번 작곡했다는 말을 했다고 합니다. 저도 느끼지만, 사계만 들어도 비발디 음악은 다 들은 것처럼 느껴집니다. 하지만 동네에 비발디 아파트가 있는 것처럼 아주 먼 나라 사람들의 현재 삶에까지 강렬한 영향을 주고 있다는 것을 부인할 수는 없겠지요!

제가 쓴 글들은 실상 한 가지 주제에 대한 것입니다. 즉 이 세상 삶은 물론 다음 생까지 잘 돌보고, 그래서 참 잘 살았다는 보람을 느끼려면 무엇을 어떻게 해야 할까 하는 고민에 대한 답을 찾아가는 이야기라는 것입니다. 달리 말하면 어제보다 나은 내가 되고 오늘은 죽기 좋은 날이란 확신이 들도록 살려면 어떻게 해야 하는가를 주제로 합니다.

삶은 여정이고 그 여정은 이승에서 '곧고 좁은 길'을 끝없이 올라가는 일이라는 게 스승들의 가르침입니다. 이 길을 가려면 근본 결단이 이뤄져야 하는데 그 결단은 '탐욕과 애갈'을 완전히 없애는 것이 되어야 한다는 게 '선가귀감'의 말씀입니다. 탐욕과 애갈을 지워낸 귀결은 생사를 벗어나는 것이며 다른 말로 초탈이며 이원성의 극복입니다.

그 경지가 바로 '죽기 좋은 경지'라 생각하며 그때 비로소 유교 최고 실천 명제인 인(仁)과 서(恕)가 가능하다고 봅니다. 인과 서란 말 그대로 만물과 만인에 대한 용서와 사랑인데 다른 말로 '무조건적 사랑'입니다. 이것을 자유자재로 구현하려면 나와 남의 구분이 없어져야 합니다. 그 일은 인력으로 불가하기 때문에 복성서의 가르침대로 '불려불사(弗慮弗思)'를 통해 참나를 실현(復性)해야 합니다.

기독교 용어로 하면 신애(神愛)와 인인애(隣人愛)를 끝없이 상호 대조해가며 실천하되 명상과 기도가 뒷받침될 때 점차 향상하는, 어쩌면 지루한 노정을 통해 구현될 것입니다. 다시 강조하면 이 일은 인력만으로는 불가합니다. 참나 또는 신 의식 쪽에서 주도권을 가지도록 하는 섬세한 분별과 노력이 필요합니다. 다른 말로 하면 은총이 필요합니다.

만물 만인에 대한 사랑은 차별과 예외가 없는 경지까지 가야 하기에 심지어 땅속 벌레나 나와 입장을 달리 하는 사람까지 포용할 수 있어야 합니다. 저는 물론 아직 힘들지만, 목표는 그렇게 잡고 있습니다. 이 길에서 밥을 굶는다든지 그와 비슷한 곤경에 빠진 이를 돕는 일을 마다하지 않는 것은, 세속에 참여하는 것이 대승적 의무이기 때문입니다.

51. 명상과 성성(聖性)

일부러 을의 삶을 골라 살 필요는 없지만 세상 구조상, 그리고 각자 카르마에 따라 을의 체험을 피할 수 없는 것 같습니다. 피할 수 없는 을의 삶이라면 잘 인욕(또는 인내)하는 게 수행의 길입니다. 한편 교구의 주교보다 종지기가 더 성인이 되기 좋은 자리라는 말도 전해집니다.

직장에서 질책받으면 최소 48시간 이상 의기소침해지는데 그때 오히려 더 철저히 공부할 자세가 되는 것 같습니다. 어쩌면 삶은 카르마 상의 빚을 갚는 일이기도 합니다. 제 경우 그 가운데 가장 큰 과제는 나와 남을 판단하지 않음으로써 자유롭게 되는 일입니다.

나와 남을 판단하지 않는다 함은 그와 나의 수많은 과오를 경멸심 없이, 이원적 판단을 하지 않고 보는 것입니다. 매사 현재 상태의 완벽함을 보고 따라서 아무도 용서하고 말 무엇이 없다는 것을 아는 것입니다. 그것은 에고의 이분법을 초월해서 신의 눈으로 보는 것입니다.

그것이 심하게 어려운 일이기에 평생이 걸리는 일이고 은총으로만 가능한 일이기도 합니다. 달리 말하면 에고가 죽어야 하는데 실상 이 길을 가서 뚜렷한 성취를 보인 신비가들과 학인들이 있기에 도전을 포기하지 않는 것입니다.

큰 깨달음을 얻었지만, 말년을 한미하게 보낸 경허 스님은 바보 천치가 되라고 하셨습니다. 그런데 이번에 '그리스도교 신비주의'를 번역하다 보니 성성(聖性)과 관조의 길은 한편 바보와 밀접한 관련이 있었습니다. 인용합니다.

"독일어의 '어리석다(selig)'에는 '복받은(blessed)'의 뜻이 있다. 묵상(contemplation)이란 신과 신의 사랑을 위해 바보처럼 보낸 시간이다. 그것이 바보인 이유는 통제할 수도, 터득할 수도, 계획할 수도, 이해할 수도 없기 때문이다."

실로 명상의 길은 바보만이 들어가는 것 같습니다.

52. 천작(天爵)의 향상

며칠 전 접한 파라마한사 요가난다 말씀이 인상 깊었습니다. 인용해 봅니다. "당신이 불완전성에서 벗어나고자 죽음을 생각할 수 있다. 그러나 죽은 뒤에도 당신은 전과 다름이 없다. 아무것도 변하지 않는다. 그저 몸만 벗었을 뿐이다. 그저 죽음으로써 천사가 되지 않는다. 이제까지 무엇이 되었든 이다음에도 그렇게 될 것이다. 환생한다고 하여도 똑같은 상태로 날 것이다. 이것을 바꾸려면 노력해야 한다. 세상은 그 일을 하기 위해 존재한다."

나에 대한 부모의 기대와 소망, 자식에 대한 내 기대와 소망을 숙고해 봅니다. 아마도 그것은 존귀한 존재가 되는 것으로 생각합니다. 요가난다 님은 그것을 천사로 표현했다고 생각합니다. 존귀함의 드러남이 옛날엔 귀족이었다면 요즘은 고관이나 부자쯤 되겠지요!

그것을 위해 거의 모든 부모는 좋은 스펙을 추구하며 가만히 살펴보면 문과는 법조인, 이과는 의사를 지향합니다. 과거 유럽도 거의 비슷했습니다. 하지만 맹자에 따르면 천작에 인작이 따라오게 해야지 그 반대가 아니라는 것입니다. 지금 세상이 어지러운 것도 이것을 거꾸로 하기 때문이라 봅니다.

그러면 천작을 얻기 위해 얼마나 노력해야 하고 언제까지 노력해야 합니까? 제가 볼 때 천작이라 함은 '지어지선'이며 다른 말로 하면 최고선에 이르기 위해 쉬지 않고 끝까지 노력하는 것입니다. 그렇기 때문에 영악스러운 우리는 이것을 뒤로 미룹니다.

제가 은퇴하고 보니 어쩔 수 없이 채근담이 말하는 무명무위지락(無名無位之樂)이란 말씀에서 위로도 찾고 숙고도 하게 되는데 명예도 지위도 없는 데서 오는 즐거움이란 바로 안회의 즐거움이고 안회의 '일단 사일표음'의 즐거움이란 빈한함 자체에서 오는 즐거

움이 아니라 매일 천착이 향상하는 즐거움이 아닐까 하는 깨우침
이 듭니다.

그래서 화엄경을 평생 번역하신 탄허 스님이 좌우명을 '향상일
로'로 하셨으리라고 보며 오직 향상만을 목표로 한다는 것은 우리
존재에 새겨진 운명이 끝없는 진화이기 때문이 아닐까 하고 생각합
니다. 진화만이 존재의 전부요 진화가 바로 창조입니다.

어쩌면 '하화중생'도 내가 진화하는 과정에서 저절로 불가피하
게 이뤄지지 싶습니다. 왜냐하면 제대로 된 삶이라면 자리(自利)가
이타(利他)요, 꿀벌이 본의 아니게 식물의 수정을 돕듯이 외부경제
를 낳지 않을 수 없기 때문입니다.

53. 제사의 의미

우연히 BBC 특선 다큐 제의(ritual, 祭儀)를 보았습니다. 수백만
에서 수천만까지 사람들이 모이는 축제 겸 제의를 취재했더군요.
모여든 사람 수의 순서로 보면 힌두교, 이슬람, 천주교의 제의와,
중남미를 비롯한 일본과 유럽의 마을 축제 등이 있었습니다. 탈종
교적인 것으로는 라스베가스 사막에서 몇 주 동안 성전을 지었다가
불태워버리는 축제도 있었습니다.

저 다큐를 근거로 제가 유추한 바에 따르면 그 많은 사람이 한 가

지 소망에서 모이는 것인데 그것은 개인보다 위대한 초월적 존재와의 일치를 추구하면서 자신의 진정한 정체성을 발견하고 동시에 치유를 받고 고통에서 벗어날 뿐 아니라 결과적으로 평안과 복락을 누리고자 하는 것입니다. 일부 제의가 불을 숭상하면서 밝아짐에 대한 열망을 표현하는 것도 보았습니다.

고대의 제의에 비해 진보했다고 하면 산 제물의 심장을 바치거나 피를 보는 과정이 없다는 것입니다. 천주교 제의나 유교의 종묘 제의를 보면 모두 피를 바치던 흔적이 남아 있습니다. 천주교의 경우는 유대 부족의 전통을 그대로 가지고 있습니다. 중남미 문화에서도 그 적나라한 모습을 확인할 수 있고요! 극단적인 죄의식 내지 새도매저키즘과 그 의식 수준이 비슷하다는 증거입니다.

일부 제의에서 보면 피를 바치는 대신 불이나 빛을 숭상한다는 점에서는 배화교 정도의 진보를 보이고 있습니다. 하지만 여전히 일부 제의의 경우 피부를 뚫는다든지 매를 때린다든지 해서 그 지향은 고귀할지언정 고통에서 즐거움을 찾으려는 저열한 흔적이 남아 있습니다.

제가 결론짓고자 하는 바는 밖에서 신인합일을 구하고 궁극의 지복을 찾는 모든 시도가 오늘날 종교라는 별 효과 없는 껍데기와 여러 제의를 유산으로 남기고 있지만 진정한 제사란 무엇이냐 하면 제천(祭天)을 그 어원으로 하는 선(禪)에 답이 있다는 것입니다.

고요히 앉아 있는 것(靜坐)을 기본으로 하면서 끝없이, 어쩌면 고통스럽게 내면을 닦아냄에 따라 조금씩, 때론 한꺼번에, 밝아지는 데에 참된 신인합일과 평화 및 지복이 있다는 게 21세기 이후의 실천이 될 것입니다. 인류 역사의 93%가 전쟁의 역사이고 그 주된 원인이 유치한 수준의 의식에 머물러 있는 종교들(대부분 고귀함으로 치장하지만 속은 모두 낮은 수준임)에 있기에 이제 종교를 초월할 때라는 것을 강조하고 싶습니다.

다만 저런 대형 제의들이 시사하는 바가 있다면 그것은 깨어난 개인들이 이심전심, 때로는 거대한 집단을 이루며 연대해야 한다는 것입니다. 그것만이 진정한 변혁의 파급력을 가질 것입니다.

54. 누진통과 종심소욕불유구

정은해 님의 유교명상론에서 큰 교훈은 군자가 반성 의식을 구사해서 노력하다 보면 반성 의식이 필요 없이 덕행이 저절로 발하는 성인의 단계에 도달한다는 것입니다. 저자에 따르면 반성 의식이라 함은 현상학에서 가져온 말인데 제가 보기엔 구방심(救放心)과 반구저기(反求諸己)를 말합니다. 즉 일일삼성한다 할 때 자신을 돌아보는 마음입니다.

그렇게 도달한 경지를 공자님은 종심소욕불유구라 하셨고 제가 보기엔 불가의 누진통에 해당합니다. 누진통은 백성욱 선생에 따르면 견성이고 견성이란 흔히 말하는 완전한 깨달음의 경지입니다. 번뇌가 사라지고 그야말로 인생 문제를 다 깨쳤기에 당장이라도 몸을 벗고 다음 생으로 들어갈 준비가 다 됐습니다. 호킨스 박사 노선에 따르면 의식지수 600에 도달했기에 이승과 다음 생이 완전히 무차별합니다.

얘기하고 싶은 것은 거기까지 가는데 공자님은 뜻을 두고서도 칠순까지 시간이 소요되는 것처럼 말씀하셨고 백성욱 선생은 9천일이 걸린다고 하십니다. 우리 하근기들은 그만큼 쉬지 않고 노력해야 한다는 뜻 같습니다. 왜냐하면 혜능 스님 같은 생이지지 또는 상근기의 경우는 어떤 계기에 단박에 깨쳐 계속 가르침과 치유를 베풀며 사는 게 보통이기 때문입니다. 모쪼록 '무엇이 가장 중요한지'에 대한 답을 손에 쥐시길 빕니다.

55. 도덕경 73장을 숙고함

도덕경 73장은 "하늘의 그물이 크고 넓어서 엉성하지만 놓치는 것이 없다(天網恢恢 疎而不失)"는 게 핵심이지만 앞뒤를 제대로 읽어보니 그동안 전체의 의미를 제대로 이해하지 못했다는 생각이 들었습니다. 이제까지는 징벌하는 하늘(또는 하느님)을 전제했지만 제 공부가 진전하면서 징벌하는 하느님은 없다는 것을 이제 압니다. 그래서 자세히 읽으니 73장은 하늘의 궁극적 진리(天之道)에 관한 설명입니다.

즉, 위 인용구 바로 앞에 하늘이 "넉넉하면서 잘 꾀한다(繟然而善謀)"는 말이 있는데 그것은 요즈음 첨단 과학과 영성이 상정하는 바와 같이 하늘을 궁극의 의식으로 보아야 하고 그렇게 보면 인간 의식을 포함하는 궁극의 의식(무극 또는 태극) 안에서 숨길 수 있는 것은 하나도 없음을 말하는 것이라고 풀고 싶습니다. 김하풍 님도 하늘의 그물은 "보이지 않기 때문에 아무도 그것을 피할 수 없다"고 풀고 있습니다.

인간은 예외 없이 자신의 모든 사언행위와 그 깊은 동기를 하늘에 새겨놓고 그 결과를 하나도 남김없이 거둔다는 것은 그저 자연법이라고 보면 될 듯합니다. 이와 같은 인식은 가톨릭의 공심판 교리나 유교의 성(誠)에 대한 가르침에서도 찾아볼 수 있습니다. 덧붙이고 싶은 것은 영원의 안목으로 보면 모든 것이 지금 이 순간 온갖 의식의 총체가 창조한 것이기에 흠 없이 완전하다는 것입니다. 그렇게 창조는 영원히 계속되는 진행형입니다.

56. 윤집궐중의 교과서

남들 안 하는 공부 얘기하니 제가 뭐 대단한 수련을 하거나 굉장한 체험을 한 게 아닌가 하는 대접을 받습니다. 물론 그냥 떠보는 얘기라는 것도 압니다. 나이도 먹을 만큼 먹은지라 세상을 떠들썩

하게 하지는 않았을망정 오감이 이끄는 대로 또는 세상이 제시하는 이런저런 나침반 따라 해 볼 만한 일 또는 짓은 거의 다 해봤지만 모두 오답이더라 하는 것을 알았습니다.

이제 비로소 우리 전통 가르침인 대학-중용을 실천하려 하는데 그 핵심 요지는 다시 서경 16자로 귀결됩니다. 서경 16자 가르침이란 '윤집궐중' 하라는 것이고 여기서 중이란 생각이 끊어진 자리 즉 희로애구애오욕이 발하기 전의 상태로서 천하의 근본이라는 게 중용의 가르침입니다. 그러니 언제나 중을 잡고(집중) 그 상태를 놓치지 말라는 것인데 이것을 제대로 실천하는 이가 드물었다는 것입니다.

마찬가지로 모세와 예수를 따른다는 자들도 두 분이 무엇보다 먼저 홀로 완전히 내면에 들어가 신을 만났다는 것은 잘 모르는 것 같습니다. 한편 윤집궐중을 "마음과 뜻과 힘을 다하여 신을 사랑하라"는 신명기 가르침과 완전히 같은 취지라고 보면 제대로 실천하는 한 유교와 기독교는 어긋날 일이 없다고 봅니다.

여러 단계를 비약하며 결론을 서두르자면 에크하르트의 글들은 윤집궐중의 교과서로 손색이 없다고 보며 동아시아 사상과 여러 가지로 부합하는 것을 발견합니다. 한 구절만 인용합니다. "사람이 내적 작용을 수행하기 위해서는 자신의 모든 능력을 하나로 모아 영혼의 한구석 같은 곳에 집중시켜야 한다. 그리고 모든 상들과 형식들로부터 자신을 숨겨야 한다. 거기서 그는 망각과 무지에 도달해야 한다. 정적과 침묵 가운데서 우리는 말씀을 들을 수 있고 바르게 이해할 수 있다. 우리가 아무것도 모르는 바로 그곳에서 말씀은 자신을 드러내고 계시한다. (이부현 옮김, 276~277쪽)" 계시를 밖에서 구하면 종교이고 안에서 구하면 신비주의입니다. 그런 의미에서 신유학은 신비주의라고 보는 게 제 입장입니다!

57. 성탄 덕담

성탄에 딱 맞는 글이 안 떠올랐으나 호킨스를 복습하다 만난 구절로 이야기를 풀면 되겠다는 생각이 들었습니다. 즉 "신자들을 포함한 보통 사람들은 신으로부터 분리되었다는 느낌을 강하게 받은 나머지 체험을 통해 신을 알 수 있는 가능성을 믿기 어렵다. (호모 스피리투스, 62쪽)"

체험으로 신을 안다 함은 궁극의 진리에 대한 확실성을 온몸으로 알게 되었다는 것입니다. 원시 이래 인간은 확실한 안전과 평화, 보호받음을 갈구하는 작은 짐승이었습니다. 문자가 발명되고 지식이 축적됨에 따라 자신감이 커지긴 했으나 궁극의 지혜와 안전에 대한 확신은 여전히 부족합니다.

그런데 축의 시대 전후에, 삶으로 그런 지극한 경지를 보여 주었을 뿐만 아니라 가르침을 베풀고 게다가 진짜 평안 속에서 자신 있게 좌탈입망하는 선생들이 나타난 것입니다. 그게 종교가 됐지만, 그 안에 여전히 미숙한 자들이 체험으로 신을 아는 일에 몰입하기보다 내가 옳고 네가 틀렸다고 싸우기에 여념이 없었습니다. 그리스도가 신성만 가졌느니 물과 포도주처럼 인성과 신성이 섞였느니 하는 논쟁을 하면서 황제에 붙었다 떨어졌다 하며 싸웠던 게 초기 기독교 역사입니다. 그 뒤에도 더 많은 논쟁거리로 죽고 죽이는 싸움을 이어갔습니다.

제가 탈기독교 원칙에 따라, 각 종교의 신비가라 할 수 있는 분들의 텍스트를 추상적 계승이라는 독법으로 통합적으로 읽고 실천하는 근거이기도 해서 인용하고 길게 논했습니다. 모쪼록 제 벗님도 체험으로 궁극의 확실성을 습득하시길 진심으로 기원합니다.

58. 득도의 길

노무현재단의 알릴레오 북스를 봤습니다. 제가 읽지 않은 그리스인 조르바를 왜들 그렇게 많은 사람이 읽나 하는 호기심 때문입니다. 이야기의 결말을 제 나름으로 파악한 바는, 아무것도 필요로 하지 않는 무위의 삶을 지금 여기에 최선을 다하며 살다 꼿꼿이, 어쩌면 아무렇지도 않은 듯이 또는 흔들림 없이 죽음을 맞이한 조르바처럼 살고 싶다는 것으로 요약됩니다.

문자를 써서 다시 쓰자면 'Needing nothing'과 'Carpe Diem'

의 정신으로 살다가 좌탈입망(坐脫立亡)하고 싶은데 그것은 득도의 삶이 아니겠는가 하는 것에 출연한 세 사람이 은연중에 합의하는 것처럼 보였습니다.

그럼에도 제게는 변죽만 울리는 것으로 들렸는데 거기에 이르는 길이 이미 알려져 있건만 그 점은 손도 대지 못했다는 것입니다. 그러니 까딱하면 조르바처럼 막산다고 해서 뭐가 문제일까라고 생각하는 독자도 있지 싶습니다. 득도의 길은 비밀도 아니지만 지루하고 재미없으며 더더구나 생계를 위한 삶에 별로 도움이 안 되니 보험 들듯 교회나 절에 출석하는 것으로 대봉치는 게 세상 풍조입니다.

저보고 간단히 말하라 하면 체계적이고 지속적으로 에고를 제거함으로써 의식의 완전성과 최고선에 도달하고자 매일 영적 독서와 정좌를 하자는 것입니다. 도대체 얼마 동안 해야 하냐고 하면 대략 구천 일 동안 하겠다고 결단했으면 합니다.

제 경우 30대 말에 기회가 있었는데 충격이 약해서인지 대충 살다가 예순에 결단해서 85살을 목표로 하고 있습니다. 이 일은 간 만큼 수확이 있고 잘하면 카르마상 숙제와 빚을 해결하고 그야말로 좌탈입망할 수 있다는 믿음이 있기 때문입니다.

게다가 공부가 진전할수록 내면에서 은은한 기쁨을 느끼는데 그것이 아마 먼 길 가는 장려금과 같은 게 아닌가 합니다. 스승들은 말하길 향상하는 어느 단계에서는 주도권이 바뀐다고 합니다. 즉 에고가 아니라 참나가 일을 하는데 그야말로 신적 창조가 이뤄지도록 우리는 자리를 비켜주는 것이라고 이해합니다.

59. 종교가 불필요한 새 밀레니엄

기독교의 하나님이 경멸을 받거나 심지어 죽었다는 소릴 듣는 원인은 불교식으로 말하면 그 말을 쓰는 동시에 거기다 아상을 그려 넣기 때문이라고 봅니다. 차라리 종교 냄새를 풍기지 않는 '존재의 근원', 달리 말하면 우리 존재가 나온 자리라고 말하는 게 조금 낫습니다.

중용의 '중야자 천하지대본'은 '가장 깊은 내심(中)이 존재의 근원'이란 말이라고 생각합니다. 물론 존재의 근원이란 말에도 아상을 그려 넣으면 (사실상 유물론자인) 일부 성리학자들처럼 육신의 부모가 존재의 근원이 되어 또다시 신은 죽었다와 같은 비판에 직면합니다. 예를 들면 공자가 죽어야 세상이 바로 된다는 주장이 그렇습니다.

중이란 감정이 나오기 전의 마음 상태고 그 자리에서 바로 지고 지선한 지성과 의지, 그리고 인(仁)이 나온다고 봅니다. 달리 말하면 창조의 시원(始原)이자 존재의 근원이라고 읽어야 마땅합니다. 그렇게 읽으면 '언제나 중의 상태에서 지고지선을 택하고 인을 실천하자, 그러기 위해 정좌와 독서는 필수다'라는 게 유교의 핵심입니다.

제 과거를 보아도 그게 가능한 사람은 '생이지지'거나 공부를 위한 최적의 환경을 타고난 사람밖에 없어 대개는 (종교를 포함한) 세상 프로그램 때문에 혼란스럽거나 고통스러운 삶을 피하기 어렵습니다. 그 혼란과 고통에서 벗어나고자 제대로 공자님과 그리스도 가르침의 핵심을 실천하기 시작한 게 우리 나이 60이니 10살 경의 유년기를 빼고라도 50년은 허송세월한 셈입니다.

요컨대 첫째 프롬의 연구처럼 야훼란 '무명(無名)'이란 말이며 서양의 신은 '도라고 말할 수 있다면 도가 아니다'라는 우리 가르침과 같으니 유일신을 말하는 기독교 대신 '존재의 근원'(그리스도가 '아버지'란 표현으로 뜻한바)을 말하는 그리스도의 길만을 가자는 것입니다. 두 번째는 우리 전통의 공부 또는 학이란 세상 지식으로 된 수많은 콘텐츠의 학습이 아니라 정좌와 경전 독서로 얻어지는 중의 상태에서 최고선을 창조하자는 것입니다.

셋째로 유교나 기독교나 몸의 생존-생활만을 최고선으로 아는 아상의 프로그램으로 점철되어 있어서 제 경우처럼 평생 혼란만 겪게 하니 오직 공자님과 그리스도만 남기고 나머지는 목욕물로 여기고 다 버리자는 것입니다. 대안으로는 신비주의를 제안하는데 종교학자 길희성 님에 따르면 동양 종교는 신비적 일치를 추구하는 신비주의 계열이라 합니다.

미약하지만 신비주의 책 한 권 번역한 지식으로 말하면 동서양 신비주의의 공통점은 정좌 또는 명상, 그리고 영적 독서로 존재의 근원으로 돌아가(또는 존재의 근원을 만나) 지고지선과 황금률을 실천함으로써 지상 천국 또는 요순시대를 구현하려는 데 있습니다. 동서양의 역사는 공자님과 그리스도 가르침을 여기다 쓰기보다 세상에서 남을 이겨 먹는 데만 썼기에 사실상 도적질의 역사라는 소리도 듣습니다.

한편 신비주의란 한 마디로 궁극의 실체 또는 신성과 합일을 추구하는 것이며 서양은 플로티누스를 비조로 삼습니다. 그 실천자를 미스틱(mystic)이라 하는데 신비주의자보다는 신비가로 번역하는 게 나아 보입니다.

각 문화마다 신비주의가 있지만 학계의 철학 또는 형이상학 체계에 맞게 잘 정리한 사람이 두드러져 보일 수밖에 없습니다. 그래서 서양은 플로티누스를 계승한 마이스터 에크하르트에 의존하는 바가 크고 우리의 경우는 주희의 역할이 지대합니다. 동아시아 영성이란 유불선이 융합된 것이어서 아무리 척불을 외쳐봐야 그 테두리를 벗어날 수 없다고 봅니다.

다시 말하면 신유학은 안사의 난에서 충격을 받은 지성인들이 불교를 배척하려는 데서 시작했지만 이미 불교와 도교 영향을 받은 이고 선생 같은 분들이 앞장을 섰기에 그 자장을 벗어나지 못한다는 말입니다. 그러니 동아시아 영성은 거슬러 올라가면 불교를 만나고 불교란 힌두교의 지양이자 변증법적 대안이기에 불이문 (nonduality)을 바탕으로 하는 힌두 영성을 만난다고 봅니다.

그런 의미에서 동서의 신비주의는 플로티누스의 일자(一者)와의 합일, 즉 신비적 합일(unio mystica)을 추구합니다. 그 과정에서 개인의 체험을 중시하기 때문에 교리, 조직, 건물 따위를 무시하기도 합니다. 그래서 기득권자들은 체제에 무조건 순종하지 않는 신비가들을 위험시합니다. 로마 교회는 고위 성직자이면서 파리대학 교수를 역임한, 그래서 당대에 토마스 아퀴나스와 쌍벽을 이룰 만한 에크하르트를 종교재판소에 기소해서 이단으로 판정한 바 있습니다.

결론 삼아 제가 하고 싶은 얘기는 정보화와 민주화는 범세계적 대세고 따라서 세 번째 밀레니엄에는 개개 인간이 체제의 주권자이니 모든 이가 왕과 같은 정신으로 주권을 행사해야 한다는 것입니다. 내성외왕(內聖外王)의 유교 이념 속에 이러한 생각이 들어 있습니다. 이 점은 각자 최고의 인간, 즉 신처럼 될 때 세상 구원, 즉 하화중생이 이뤄진다는 대승불교 가르침과 다를 게 없다고 봅니다. 제가 볼 때 그 길에서 구태를 벗지 못하는 기존 종교는 자연히 도

태될 것입니다.

60. 식자의 의무

　대학물 먹어서 먹고사는 일 말고 뭐 했느냐라는 물음에 어떻게 답할까? 부모님 소망이 겨우 그것이었을까? 과거(科擧)에 올인했던 선비들은 무엇을 남겼나? 권세를 부리고 가문을 일으키는 것이 전부인가? 왕권을 지키는 데 기여한 것이 다일까?

　조선이 망하는 과정을 보면 왕권이란 게 얼마나 웃긴 것인지 알 수 있습니다. 위 물음들에 대해 사(私) 없이 공(公)에 무슨 이익을 주었는지 답하는 게 소위 식자(또는 학인)의 의무라 생각합니다. 사서삼경 말씀이 모두 여기에 모여 있다고 보면 과히 틀리지 않다고 저는 생각합니다.

　공부가 제대로 됐다면 이순신 장군에게서 보듯 공에 철저한 삶이 왕권에 기여하거나 민생에 기여하거나 하는 것은 그때그때 다르게 구현될 수밖에 없을 것입니다. '사 없이'를 구현하기 위해 규칙적으로 정좌하고 경전 공부를 하는 것이고 이 두 가지를 제대로 실행하는 사람은 반드시 그 답을 체득할 것인데 그래도 중용은 노파심에 덧붙이기를 보이지 않는 곳을 경계하고 들리지 않는 곳을 두려워하라고 하였습니다. 이 책 전체의 맥락에 따르자면 '사'를 에고로 '공'을 참나(신성 내지 최고의 인간성과 같습니다)로 보면 보다 명료해지는 것 같습니다. 책 쓰면서 계속 맴도는 사념을 적어봤습니다.

61. 무위와 새로 태어나기

　여러 번 썼지만 저는 유불선과 힌두교, 기독교 신비주의가 한목소리라고 느낍니다. 우선 소위 에고와 참나로 말하는 우리 존재에 대한 설명을 대승기신론의 심생멸과 심진여로 이해하면 쉽다고 보는 입장입니다. 그렇게 볼 때 무위란 에고, 즉 심생멸이 완전히 극복되어 심진여로 사언행위를 하는 경지라고 보는 겁니다. 논어에서는 밥 먹는 시간이나 엎어지고 자빠지는 순간에도 인(仁)에서 벗어나지 않아야 한다고 하는데 이것도 이미 에고가 사라지지 않으면 불가능한 얘기 같습니다.

　에고를 없애려면 소아의 의지나 지성에 의존하는 바가 없어질 때까지 일념으로 닦아나가야 하는데 이 과정이 지난하기 때문에 좋은 스승을 만나면 좋고 아니면 가장 높은 목표를 붙들고 끝없이 전력을 기울여 닦아야 하는데 이것이 정진 바라밀이라고 봅니다. 그렇게 닦아 반야바리밀과 선정바라밀이 쉬지 않고 작동되면 나라는 것, 즉 심생멸(에고 또는 小我)이 사라져 심진여가 모든 사언행위를 하여 완전히 새로운 창조를 하는 무위 상태가 된다고 봅니다. 거기에 이르기 전에는 차원을 한 단계 뛰어넘은 게 아니라서 무슨 노력이든 다람쥐 쳇바퀴 돌듯 하기 때문에 쉽사리 권태와 불만족을 느껍니다.

이런 일은 대개 바닥 체험 후에 삶의 패러다임이 완전히 뒤바뀌어야 하기 때문에 그리스도는 새로 태어나야 한다는 말씀과 돌아온 탕자 얘기를 하셨다고 봅니다. 한편 대승기신론은 불퇴전, 즉 다시 돌아가지 않는다는 표현을 쓰며 의혹, 불신, 비방, 교만 및 게으름에 빠진 사람은 들어가기에 불가능한 길이라고 하였습니다.

길게 썼지만, 실천은 단순합니다. 그 실천을 바로 할 수만 있다면 많이 읽을 필요도 없지 싶습니다. 읽는 것은 그저 단순한 행을 꾸준히 할 수 있도록 돕는 일이라 생각합니다. 목표를 확고히 하고 한마음(一念)으로 닦을 결심이 첫째입니다. 한편 목표를 수시로 적어보면 그때그때 의식에 따라서 그것도 진화하는 것 같습니다. 요즘 제가 적은 목표는 다음과 같습니다. 첫째 외적 재앙에도 흔들리지 않을 것, 둘째 죽음을 기꺼워 할 것, 셋째 사랑과 평화로써 이승을 건너갈 것 등입니다. 그러기 위해 가장 시급한 과제가 앞서 얘기한 에고 죽음입니다. 이는 이고 선생 복성서의 지향점이면서 '자기를 버리라'는 그리스도 말씀이기도 합니다.

방편으론 불교의 육바라밀이 요점을 잘 지시하고 있습니다. 제 나름으로 써보면 사고 틀과 감정패턴 지우기, 의지와 지식 내버리기(이는 도덕경의 日損에 해당한다고 봅니다), 간절히 기도하기, 정좌하기, 영적 독서 하기 등입니다. 뜻만 있으면 얼마든지 좋은 교재를 만날 수 있습니다. 중요한 것은 악기 연주자처럼 매일 훈련하는 것입니다.

그렇게 일념으로 노력하다 보면 그리스도가 말씀하신 새로 태어남을 체험하리라 생각합니다. 그것을 잘 표현한 말씀을 하나 소개합니다. "당신이라고 생각하는 것보다 더 깊은 무엇이 당신 안에서 생겨날 때 그게 진짜 영적 깨어남이다. 사람은 그대로지만 무언가 더 강력한 게 그 사람을 통하여 빛난다고까지 말할 수 있다."

얼마 전 영성의 대중화를 위해 오프라 윈프리와 대담을 했던 에카르트 톨레 얘기입니다. 그렇게 에고가 사라지는 체험을 강력히 하면 이제 두 차원의 삶을 살게 됩니다. 하지만 수시로 에고의 습이 작동할 때 충분히 알아차릴 뿐만 아니라 새로 난 사람의 방식, 즉 무조건적 사랑과 차별 없는 친절로 대응합니다. 기쁨은 외적 조건과 상관없이 내면에서 잔잔히 흐릅니다. 저는 두 해만 지나면 칠순인데 환갑 즈음에 몸에 불이 붙은 듯 화급하게 이 공부를 시작하였습니다. 그렇게 하지 않았다면 구제불능의 상태를 피하기 어려웠다고 보기 때문에 59살에 깊은 수렁에 빠져버린 일을 오히려 감사하고 있습니다.

부록

복성서 원문

상편 1절

人之所以為聖人者，性也；人之所以惑其性者，情也。喜、怒、哀、懼、愛、惡、欲，七者皆情之所為也，情既昏，性斯匿矣；非性之過也，七者循環而交來，故性不能充也。水之渾也，其流不清；火之煙也，其光不明；非水、火清明之過，沙不渾，流斯清矣；煙不鬱，光斯明矣；情不作，性斯充矣。

性與情不相無也，雖然無性則情無所生矣，是情由性而生；情不自情，因性而情；性不自性，由情以明。性者，天之命也，聖人得之而不惑者也；情者，性之動也，百姓溺之而不能知其本者也。

聖人者豈無其情耶？聖人者，寂然不動，不往而到，不言而神，不耀而光，製作參乎天地，變化合乎陰陽，雖有情也，未嘗有情也。然則百姓者豈無性耶？百姓之性，與聖人之性弗差也，雖然情之所昏，交相攻伐，未始有窮，故雖終身而不自覩其性焉。

火之潛於山、石、林、木之中，非不火也；江、河、淮、濟之未流而潛於山，非不泉也；石不敲，木不磨，則不能燒其山林而燥萬物；泉之源弗疏，則不能為江、為河、為淮、為濟，東匯大壑，浩浩蕩盪，為弗測之深；情之動靜弗息，則不能復其性，而燭天地為不極之明。

상편 2절

故聖人者，人之先覺者也。覺則明，否則惑，惑則昏，明與昏謂之不同；明與昏，性本無有，則同與不同，二皆離矣。夫明者所以對昏，昏既滅，則明亦不立矣。

是故誠者，聖人性之也；寂然不動，廣大清明，照乎天地，感而遂通天下之故，行止語默，無不處於極也。復其性者，賢人循之而不已者也，不已則能歸其源矣。

《易》曰：「夫聖人者，與天地合其德，日月合其明，四時合其序，鬼神合其吉凶；先天而天不違，後天而奉天時，天且勿違，而況於人乎？況於鬼神乎？」此非自外得者也，能盡其性而已矣。子思曰：「惟天下至誠為能盡其性；能盡其性，則能盡人之性；能盡人之性，則能盡物之性；能盡物之性，則可以贊天地之化育；可以贊天地之化育，則可以與天地參矣。其次致曲；曲能有誠，誠則形，形則著，著則明，明則動，動則變，變則化，惟天下至誠為能化。」聖人知人之性皆善，可以循之不息而至於聖也，故制禮以節之，作樂以和之；安於和樂，樂之本也；動而中禮，禮之本也；故在車則聞鸞和之聲，行步則聞佩玉之音，無故不廢琴瑟，視、聽、言、行，循禮法而動，所以教人忘嗜欲而歸性命之道也。

道者，至誠而不息者也；至誠而不息則虛，虛而不息則明，明而不息則照天地而無遺；非他也，此盡性命之道也。哀哉！人皆可以及乎此，莫之止而不為也，不亦惑耶？

상편 3절

　　昔者聖人以之傳於顏子，顏子得之，拳拳不失，不遠而復，其心三月不違仁；子曰：「回也，其庶乎！屢空。」其所以未到於聖人者，一息耳，非力不能也，短命而死故也。其餘升堂者，蓋皆傳也，一氣之所養，一雨之所膏，而得之者各有淺深，不必均也。子路之死也，石乞、孟黶以戈擊之，斷纓，子路曰：「君子死，冠不免。」結纓而死；由非好勇而無懼也，其心寂然不動故也。曾子之死也曰：「吾何求焉？吾得正而斃焉斯已矣！」此正性命之言也。

　　子思，仲尼之孫，得其祖之道，述《中庸》四十七篇以傳於孟軻；軻曰：「我四十不動心。」軻之門人達者，公孫醜、萬章之徒蓋傳之矣；遭秦滅書，《中庸》之不焚者，一篇存焉，於是此道廢缺，其教授者，惟節文、章句、威儀、擊劍之術相師焉，性命之源，則吾弗能知其所傳矣。

　　道之極於剝也必復，吾豈復之時耶？吾自六歲讀書，但為詞句之學；志於道者四年矣，與人言之，未嘗有是我者也。南觀濤江，入於越，而吳郡陸傪存焉，與之言之，陸傪曰：「子之言，尼父之心也；東方如有聖人焉，不出乎此也；南方如有聖人焉，亦不出乎此也；惟子行之不息而已矣！」於戲！性命之書雖存，學者莫能明是，故皆入於莊、列、老、釋，不知者謂夫子之徒，不足以窮性命之道，信之者皆是也。有問於我，我以吾之所知而傳焉，遂書於書，以開誠明之源，而缺絕廢棄不揚之道，幾可以傳於時，命曰：＜復性書＞，以理其心，以傳乎其人。於戲！夫子復生，不廢吾言矣。

중편 1절

　　或問曰：「人之昏也久矣，將復其性者必有漸也，敢問其方？」

　　曰：「弗思弗慮，情則不生；情既不生，乃為正思；正思者，無慮無思也。

　　《易》曰：『天下何思何慮』。又曰：『閑邪存其誠』。《詩》曰：『思無邪』。曰：『已矣乎』。曰：『未也』。此齋戒其心者也，猶未離於靜焉；有靜必有動，有動必有靜，動靜不息，是乃情也。《易》曰：『吉凶悔吝，生於動者也。』焉能復其性耶？」

日：「如之何？」

日：「方靜之時，知心無思者，是齋戒也；知本無有思，動靜皆離，寂然不動者，是至誠也。《中庸》曰：『誠則明矣。』《易》曰：『天下之動，貞夫一者也。』」

중편 2절

問曰：「不慮不思之時，物格於外，情應於內，如之何而可止也？以情止情，其可乎？」

日：「情者，性之邪也，知其為邪，邪本無有，心寂然不動，邪思自息，惟性明照，邪何所生？如以情止情，是乃大情也；情互相止，其有已乎？《易》曰：『顏氏之子，其殆庶幾乎！有不善未嘗不知，知之未嘗復行也。』《易》曰：『不遠復，無只悔，元吉。』」

問曰：「本無有思，動靜皆離；然則聲之來也，其不聞乎？物之形也，其不見乎？」

日：「不睹不聞，是非人也；視聽昭昭，而不起於見聞者斯可矣。無不知也，無弗為也，其心寂然，光照天地，是誠之明也。《大學》曰：『致知在格物』。《易》曰：『易無思也，無為也，寂然不動，感而遂通天下之故，非天下之至神，其孰能與於此？』」

日：「敢問『致知在格物』，何謂也？」

日：「物者，萬物也；格者，來也，至也；物至之時，其心昭昭然，明辨焉而不應於物者，是致知也，是知之至也。知至故意誠，意誠故心正，心正故身修，身修而家齊，家齊而國理，國理而天下平；此所以能參天地者也。《易》曰：『與天地相似，故不違；知周乎萬物而道濟天下，故不過；旁行而不流，樂天知命，故不憂；安土敦乎仁，故能愛；範圍天地之化而不過，曲成萬物而不遺，通乎晝夜之道而知，故神無方而易無體』，『一陰一陽之謂道。』此之謂也。」

중편 3절

曰：「生為我說＜中庸＞。」

曰：「不出乎前矣。」

曰：「我未明也，敢問何謂『天命之謂性』？」

曰：「人生而靜，天之性也；性者，天之命也。」

（曰）：「率性之謂道，何謂也？」

曰：「率，循也；循其源而返其性者，道也；道也者，至誠也；至誠者，天之道也；誠者，定也，不動也。」

（曰）：『修道之謂教』何謂也？

故曰：「『誠之者，人之道也；誠之者，擇善而固執之者也。』修是道而歸其本者，明也；教也者，則可以教天下矣；顏子其人也。『道也者，不可須臾離也，可離非道也』；說者曰：『其心不可須臾動焉故也』；動則遠矣，非道也；變化無方，未始離於不動故也。『是以君子戒慎乎其所不睹，恐懼乎其所不聞，莫見乎隱，莫顯乎微，故君子慎其獨也』。說者曰：『不睹之睹，見莫大焉；不聞之聞，聞莫甚焉』；其心一動，是不睹之睹，不聞之聞，其復之不遠矣，『故君子慎其獨』；慎其獨者，守其中也。」

問曰：「昔之註解＜中庸＞者，與生之言皆不同，何也？」

曰：「彼以事解者也，我以心通者也。」

曰：「彼亦通於心乎？」

曰：「吾不知也。」

曰：「如生之言，修之一日則可以至於聖人乎？」

曰：「十年檼之，一日止之，而求至焉，是孟子所謂『以杯水而救一車薪之火也』，甚哉！止而不息必誠，誠而不息則明，明與誠，終歲不違，則能終身矣。造次必於是，顛沛必於是，則可以希於至矣。故＜中庸＞曰：『至誠無息，不息則久，久則徵，徵則悠遠，悠遠則博厚，博厚則高明；博厚所以載物也，高明所以覆物也，悠久所以成物也；博厚配地，高明配天，悠久無疆；如此者，不見而章，不動而變，無為而成；天地之道，可一言而盡也。』」

중편 4절

問曰：「凡人之性，猶聖人之性歟？」

曰：「桀、紂之性，猶堯、舜之性也；其所以不睹其性者，嗜欲好惡之所昏也，非性之罪也。」

曰：「為不善者，非性耶？」

曰：「非也，乃情所為也，情有善有不善，而性無不善焉；《孟子》曰：『人無有不善，水無有不下；夫水搏而躍之，可使過顙音嗓，顙，激而行之，可使在山，是豈水之性哉？』其所以導引之者然也；人之性皆善，其不善亦猶是也。」

問曰：「堯、舜豈不有情耶？」

曰：「聖人至誠而已矣。堯、舜之舉十六相，非喜也；流共工、放驩音歡兜、殛音及殺死鯀、竄三苗，非怒也，中於節而已矣；其所以皆中節者，設教於天下故也。《易》曰：『知變化之道者，其知神之所為乎？』《中庸》曰：『喜、怒、哀、樂之未發謂之中，發而皆中節謂之和；中也者，天下之大本也；和也者，天下之達道也。致中和，天地位焉，萬物育焉。《易》曰：『唯深也，故能通天下之志；唯幾也，故能成天下之務；唯神也，故不疾而速，不行而至。』聖人之謂也。」

問曰：「人之性，猶聖人之性，嗜欲愛憎之心，何因而生也？」

曰：「情者，妄也，邪也，邪與妄則無所因矣，妄情滅息，本性清明，周流六虛，所以謂之能復其性也。《易》曰：『乾道變化，各正性命。』《論語》曰：『朝聞道，夕死可矣。』能正性命故也。」

問曰：「情之所昏，性即滅矣，何以謂之猶聖人之性也？」

曰：「水之性清澈，其渾之者沙泥也；方其渾也，性豈遂無有耶？久而不動，沙泥自沉；清明之性鑑於天地，非自外來也；故其渾也，性本勿失；及其復也，性亦不生；人之性，亦猶水之性也。」

問曰：「人之性，本皆善而邪情昏焉；敢問聖人之性，將復為嗜欲所渾乎？」

曰：「不復渾矣！情本邪也，妄也，邪妄無因，人不能復；聖人既復其性矣，知情之為邪；邪既為明所覺矣，覺則無邪，邪何由生也？伊尹曰：『天之道，以先知覺後知，先覺覺後覺者也。予天民之先覺者也，予將以此道覺此民也；非予覺之而誰也？』如將復為嗜欲所渾，是尚不自覺者也，而況能覺後人乎？」

중편 5절

曰：「敢問死何所之耶？」

曰：「聖人之所明書於策者也，《易》曰：『原始反終，故知死生之說；精氣為物，遊魂為變，是故知鬼神之情狀。』斯盡之矣。子曰：『未知生，焉知死？』然則原其始而反其終，則可以盡其生之道；生之道既盡，則死之說不學而自通矣。此非所急也，子修之不息，其自知之，吾不可以章章然言且書矣。」

하편 1절

晝而作，夕而休者，凡人也；作乎作者，與萬物皆作；休乎休者，與萬物皆休。吾則不類於凡人，晝無所作，夕無所休；作非吾作也，作有物；休非吾休也，休有物；作耶？休耶？二者離而不存，予之所存者，終不亡且離也。

하편 2절

人之不力於道者，昏不思也。天地之間，萬物生焉，人之於萬物，一物也，其所以異於禽、獸、蟲、魚者，豈非道德之性乎哉？受一氣而成其形，一為物，而一為人，得之甚難也。生乎世，又非深長之年也；以非深長之年，行甚難得之身，而不專專於大道，肆其心之所為，則其所以自異於禽、獸、蟲、魚者，亡幾矣！

하편 3절

昏而不思，其昏也終不明矣！吾之生二十九年矣！思十九年時，如朝日也；思九年時，亦如朝日也；人之壽命，其長者不過七十、八十、九十年，百年者則稀矣！當百年之時，而視乎九年時也，與吾此日之思於前也，遠近其能大相懸耶？其又能遠於朝日之時耶？然則人之生也，雖享百年，若雷霆之驚相激也，若風之飄而旋也，可知耳矣，況千百人而無一及百年者哉？故吾之志於道德，猶懼未及也，彼肆其心之所為者，獨何人哉？

독서
편력

1. 삼부작이라 할 만한 책

  – 데이비드 호킨스(의식혁명, 호모 스피리투스, 나의 눈, 내 안의 참나를 만나다)

  – 에리히 프롬(소유냐 존재냐, 건전한 사회, 사랑의 기술 등)

  – 닐 도날드 월쉬(신과 나눈 이야기 1~3, 신과 나누는 우정)

  – 스캇 펙(거짓의 사람들, 가지 않은 길, 평화 만들기)

  – 우징슝(내심낙원, 동서의 피안, 선의 황금시대)

2. 깊이 사숙했던 분의 책

  – 이고(복성서, 김용남 지은 「성리학의 개창자, 이고」)

  – 마하리쉬(나는 누구인가)

- 마하리지(공의 체험)

- 백봉 김기추(도솔천에서 만납시다)

- 백성욱(마음을 어디로 향하고 있는가)

- 탄허스님(탄허록)

- 마이스터 에크하르트 (마이스터 에크하르트 선집, 그에게는 아무것도 감추지 않았다)

- 파스칼(팡세)

3. 경전 관련해서 공부한 책

- 선가귀감(서산대사)

- 대승기신론 소와 별기(원효, 은정희 역주)

- 신을 보는 길 부처를 보는 길(김하풍)

- 非, 그게 아니고(전영화)

- 비움과 밝음(금장태)

- 성리학, 유불도의 만남(김용남)

- 유교명상론, 불교와의 비교철학(정은해)

- 강의(신영복)

- 사유하는 집사람의 논어 읽기(이은선)

- 공자 노자 석가(모로하시 데쓰지)

- 주역(윤재근)

- 채근담(홍자성)

- 빈 마음으로 읽는 노자도덕경(김하풍)

- 이것이 바로 인문학이다(이중톈)

- 중국고대 사상사론(리쩌허우)

- 공자가 내게 인생을 물었다(구위안)

- John Blofeld(Chu Ch'an), 'The Zen Teaching of Huang Po, On The Transmission Of Mind', 1958

4. 그밖에 크게 도움 받은 책

- 이균형 번역, 그리스도의 편지, 2015.

- 누크 산체스, 토머스 비에라, 황근하 옮김, 에고로부터의 자유, 2013.

- 소걀 린포체, 오진탁 옮김, 삶과 죽음을 바라보는 티베트의 지혜, 1999.

- 이부현 편집 및 옮김, 마이스터 에크하르트 선집, 2013.

- 피터 볼 지음, 김영민 옮김, 역사 속의 성리학, 2010.

- 불교와 그리스도교의 수행, 바오로딸, 2005.

- 줄리언 제인스, 김득룡 박주용 옮김, 의식의 기원, 2018.

- 켄 케이즈 주니어, 의식상승의 길, 2014.

- 앤소니 드 멜로, 김상준 옮김, 깨어나십시오, 2014.

- 조지프 캠벨, 박중서 옮김, 신화와 인생, 2009.

- 조지프 캠벨, 이윤기 옮김, 신화의 힘, 2005.

- 정재승 편저, 민족비전 정신수련법, 2004.

- 에카르트 톨레, 지금 이 순간을 살아라

- 빅터 프랭클, 죽음의 수용소에서, 심리요법과 현대인

- 아짠 차, 위빠사나, 있는 그대로 보는 지혜, 2004.

- 잭 홀리, 이지수 옮김, 바가바드 기타, 2007.

- 백이제, 파드마삼바바, 2003.

- 이제민, 예수는 정말 부활했을까?, 2003.

- 후안 카트레트, 가르멜 여자수도원 옮김, 십자가의 성 요한의 영성, 2006.

- 지운스님, 깨달음으로 가는 길, 2006.

- 샤르댕, 이병호 옮김, 물질의 심장, 2003.

- 마이클 탤보트, 이균형 옮김, 홀로그램 우주, 1999.

- 미하이 칙센트미하이, 임석원 옮김, 미스터 몰입과의 대화, 2011.

- 안수철 옮김, 플로티누스 엔네아데스 입문, 2009.

- 윤홍식, 양심이 답이다, 5분 몰입의 기술, 2012.

- 선불교와 그리스도교, 바오로딸, 1996.

- 국사편찬위원회, 유교적 사유와 삶의 변천, 2009.

- 김영진, 중국 근대사상과 불교, 2007.

- 박재현, 한국 근대 불교의 타자들, 2009.

- 베르너 바이어발테스, 신비주의의 근본 문제, 2014.

- 부크하르트 모이지쉬, 마이스터 에크하르트, 2010.

- 린 맥태거트, 이충호 옮김, 마음과 물질이 만나는 자리, 필드, 김영사, 2008.

- Stephen Davis, Butterflies are Free to Fly, A New and Radical Approach to Spiriual Evolution, 2010.

- David R Hawkins, Powe vs. Force, An anatomy of consciouness, 2012.

- David R Hawkins, Letting Go: The Pathway of Surrender, 2012.

- David R Hawkins, Reality, Spirituality, and Modern Man, 2008.

- M. Scott Peck, Further Along the Road Less Traveled: The Unending Journey Towards Spiritual Growth, 1998.

- Carl McColman, The Big Book of Christian Mysticism, 2010.

- Oliver Davies, Meister Eckhart, 1994.

- Anthony Stevens, Jung, Oxford University Press, 2017.

- Susan Blackmore, Consciousness, Oxford University Press, 2017.

- Yuval Noah Harari, Homo Deus, A Brief History of Tomorrow, HarperCollins Publisher, 2015.

- Thomas Merton, The Inner experience, Notes on Contemplation, HarperCollins Publisher, 2012.

- David Cameron Gikandi, A Happy Pocket Full of Money, 2011.

- Deepak Chopra, Power, Freedom, and Grace, 2006.

- Barbara Marx Hubbard, Conscious Evolution, 2015.

- Chris Niebauer, No Self No Problem, How Neuropsychology Is Catching Up to BUDDHISM, Hierophant Publoshing, 2019.

- Michael S. Gazzaniga, The Consciousness Instinct, Farrar, Straus and Giroux, 2018.

- Michael A. Singer, Untethered Soul-the journey beyond yourself, New Harbinger Publications, 2007.

- Ziad Masri, Reality Unveiled, Awakened Media LLC, 2017.

- Roy Eugene Davis, The Simplicity of Spiritual Enlightenment, CSA Press, 2011.

‐ Leslie Kean, Surviving Death, A Journalist Investigates Evidence for an Afterlife, Three Rivers Press, 2017.

‐ Sullins Stuart, Experience The Now, How to Increase Your Level of Consciousness, 2012.

‐ Elain Pagels, Revelation, Viking Penguin, 2012.

‐ Adrian Bejan & J. Peder Zane, Design in Nature, Doubleday, 2012.

깨달음과 멸정복성
목운 유택주

인쇄 2022년 5월 15일
발행 2020년 5월 30일

발행인 이은선
발행처 반달뜨는 꽃섬 [서울시 송파구 삼전로 10길50, 203호]

ⓒ 저자 및 글꼴 저작자 2022
저자 유택주, 저작권 소유
글꼴 공공누리 제1유형, 대구광역시 수성구, 수정혜정체
목업 이미지 Freepik.com

ISBN   979-11-91604-04-7   03150